KB274583

詩로 만나는 이사야서

詩로 만나는 이사야서

詩로 만나는 이사야서

2019년 5월 1일 초판발행
지은이 | 장경란
발행인 | 김수곤
발행처 | 선교횃불
               전화 : (02)2203-2739
               팩스 : (02)2203-2738
등록일 | 1999년 9월 21일 제 54호
등록처 | 서울 송파구 백제고분로 27길 12(삼전동)
이메일 | ccm2you@gmail.com
홈페이지 | www.ccm2u.com

ISBN 978-89-5546-420-7 03230

ⓒ 선교횃불

·파본은 교환해 드립니다.
·이 출판물은 저작권법의 보호를 받는 저작물이므로
 무단전재와 무단복제를 금합니다.

신교횃불

詩로 만나는

이사야서

장 경 란 지음

신교횃불

하나님을 깊이 사랑하는 장경란 목사의 영혼 깊은 곳에서 우려낸
"시로 만나는 이사야서"
나는 시집의 이름을 듣는 순간 고요한 전율을 느끼며 흥분했다.

이 책은 말씀을 경청한 겸손한 목사의 민감한 영성에서 떠오른 거룩한 시상(詩想)을 지면에 한 올 한 올 수놓듯 옮겨 놓은 시어(詩語)이며 동시에 하나님을 신뢰하는 저자의 소박하고 겸손한 영적 인격을 표현한 책이다.

그러므로 구약복음으로 알려진 이사야서에서 이처럼 아름다운 시어(詩語)가 탄생한 것은, 하나님과 저자(著者)의 사랑의 관계 속에 감추인 거룩한 secret이라 생각한다.

거룩한 신비로 적어 내려간 이 책은,
방황과 탄식의 시대에 위로를 주는 책이요,
아물지 않는 고통의 시대에 치료를 주는 책이요,
한 치 앞이 보이지 않는 절망의 시대에 눈을 열어 줄
책이 될 것이라 믿는다.

또 이 책은,
황무지에 꽃을 피우시는 하나님의 아름다우심을 보며,
메마른 땅에 샘을 내신 이의 샘물을 다시며,
사막에 길을 여신 이와 함께 사막에 길을 만들며,
그의 백성을 붙드신 의로운 오른손의 위로를 붙들게 할 것이다.

장장 3년의 여정에서 차곡 차곡 모아 만든 이 시집은
장경란 목사의 무릎에 떨어진 눈물이 맺은 결실이라 믿는다.

나는 이 책을 읽기 위하여 시간을 내는 독자들은,
독생자를 주신 하나님 아버지의 사랑,
예수 그리스도의 대속의 은총,
부활하신 예수 그리스도,
다시 오실 왕 예수 그리스도를 대하게 될 것이라 확신하기에
하나님의 나라를 대망하며 그 날을 기다리는 이들에게 이 책을 추
천한다.

대한예수교장로회합동중앙총회 총회장/
성민교회 담임목사 김영희

주님과의 깊은 사랑은
내가 죄인임을 깨닫는
그 자리에서 비로소 피는 꽃이리라

작은 바람에도 수 없이 흔들리고
동지섣달 차가운 별빛에도
때론 마음이 무너졌던
종지보다 작은 이 그릇이

주일아침마다 강단에서 쏟아지는 생수를
눈물 섞어 마시며
이사야서에서 한없이 흐르는
주님의 십자가, 그 핏빛 사랑에
내 작은 詩語 들을 한올 한올 적시어

만세전이라 불리는
그 가늠할 수도 없는 시간에
이미 나를 사랑하신
천지간에 오직 하나 뿐인 완전한 사랑,
내 주님께 이 작은 책을 올려 드립니다.

2019년 봄, 은혜의 동산에서

장 경 란

차 례

시온의 영광을 선포하라

주님 왕국의 나팔수
아름다운 소식을 전하는 자의 소리여

임마누엘의 하나님
사랑 날개 하늘가득 펴시어
우리의 장막이 되시었네

수치를 받을 자여
여호와를 신뢰하라
요단 물 길어 올려 사막에 꽃피우고
주님의 생수를 마시라
성령의 생수를 마시우라

영광을 노래하라
하나님의 춤을 추라
시온의 영광을 선포하라
너희가
하나님 손의 면류관 이니라

헵시바여,

나의 기쁨이 네 안에 충만함이라

뿔라여,

주님의 순결한 아름다운 신부여!

1

본문: 사1:1

유다 왕 웃시야와 요담과 아하스와 히스기야 시대에 아모스의
아들 이사야가 유다와 예루살렘에 관하여 본 계시라

하나님의 슬픔

천지간에 하나님의 양육을 받는 자여
너희가 존귀함을 얻었나니
또한 목숨이 다하도록 성숙함을 받을 진대

오호라
범죄한 나라요, 허물진 백성이로다
네 은은 찌꺼기가 되었고
네 포도주엔 물이 섞였으니
신실하던 성읍이 어찌 창기가 되었는고

주님의 핏빛 눈물을 보는 가
행위가 부패한 자식이요
하나님을 만홀히 여겼나니
헛된 제물, 무익한 제물이 되었도다

'오라 우리가 서로 변론하자
너희의 죄가 주홍 같을지라도 눈과 같이
희어지리니'

너희 손을 높이 들라

차고 넘치는 죄악을 토설 할지라

유익한 제물이 될지어다

주님이 찾으시는 그,

참 예배자가 될지어다

하나님의 슬픔이 기쁨이 되시고

주님 나라를 세우는 남겨진 자 되리니

부활의 신앙이요

거룩한 속성이 살아나리라

이제 후로는

너희가 의의 성읍이요

신실한 고을이라 불릴 것이라

2

본문: 사1: 2-6

하늘이여 들으라 땅이여 귀를 기울이라 여호와께서 말씀하시기를
내가 자식을 양육하였거늘 그들이 나를 거역하였도다 소는 그 임
자를 알고 나귀는 그 주인의 구유를 알건마는 이스라엘은 알지 못
하고 나의 백성은 깨닫지 못하는 도다 하셨도다 슬프다 범죄한 나
라요 허물 진 백성이요 행악의 종자요 행위가 부패한 자식이로다
그들이 여호와를 버리며 이스라엘의 거룩하신 이를 만홀히 여겨 멀
리하고 물러갔도다 너희가 어찌하여 매를 더 맞으려고 패역을 거듭
하느냐 온 머리는 병들었고 온 마음은 피곤하였으며 발바닥에서 머
리까지 성한 곳이 없이 상한 것과 터진 것과 새로 맞은 흔적뿐이거
늘 그것을 짜며 싸매며 기름으로 부드럽게 함을 받지 못하였도다

늙은 지금 주소서

주여
어리석은 백성이
선악과의 향기에 취해
악을 마셨나이다
아니 독을 마셨나이다
온통 허물어져 내리는 어둠에
한 줄기 빛,
그 사랑을 가슴으로 붙들고
이제 스스로 씻는 자가 되려 하나이다
그 깨끗한 갈망으로 회복을 노래하나이다

주여
어리석은 백성에게
들을 귀를 회복 하소서
스스로 정결 규례를 행하게 하소서
악한 행실을 그치게 하시고
무엇에든지 옳으며, 경건하며…
선을 배우게 하시고

‘보시기에 좋았더라’
그 기쁨 올려지게 하옵소서

주여
어리석은 백성을 사랑하사
모든 것을 내어
보화가 숨겨진 밭을 사셨으니,
나를 사셨으니,
우리의 귀가 그 은총으로 열려지게 하시고
평생에 은빛 존귀한 자로
주님 제단에 맑은 촛불이게 하옵소서

3

본문: 사1:16–17

너희는 스스로 씻으며 스스로 깨끗하게 하여 내 목전에서 너희 악한 행실을 버리며 행악을 그치고 / 선을 배우며 정의를 구하며 학대 받는 자를 도와주며 고아를 위하여 신원하며 과부를 위하여 변호하라 하셨느니라

교만으로 인하여 주저앉은 자
곧 불신의 죄악으로 눈이 붉은 자요
좀더 눕자, 좀더 자자, 게으른 자요
그 손에 보화가 무한하며 우상이 가득한 자라

그의 호흡이 코에 있는
인생을 의지하지 말지니
레바논의 백향목과 바산의 상수리나무의
재앙과 환란을 너희가 목도하리라

오라
우리가 여호와의 거룩한 산에 오르자
주님의 초대에 응하러 가자
너희의 평안과 기쁨이 어디 있으랴
거룩한 동행 길 , 그 단단한 길을 가라
야곱의 하나님의 전에 당도하리니
끝까지 사랑하시는 피복음의 은혜라

두려워 말라, 담대 하라
주님의 그 사랑 안에 굳게 서라
오직 첫 사랑을 회복 할지라

불에 타지 않을 믿음의 보배합을 들고
여호와의 빛에 행하라
은혜와 생명과 번영의 순례의 길
모든 무기를 해체시킨 하나님의 나라로
이제 주님과 함께 나아갈 지라

4

본문: 사2:2-5

말일에 여호와의 전의 산이 모든 산 꼭대기에 굳게 설 것이요 모
든 작은 산 위에 뛰어나리니 만방이 그리로 모여들 것이라/ 많은
백성이 가며 이르기를 오라 우리가 여호와의 산에 오르며 야곱의
하나님의 전에 이르자 그가 그의 길을 우리에게 가르치실 것이라
우리가 그 길로 행하리라 하리니 이는 율법이 시온에서부터 나
올 것이요 여호와의 말씀이 예루살렘에서부터 나올 것임이니라/
그가 열방 사이에 판단하시며 많은 백성을 판결하시리니 무리가
그들의 칼을 쳐서 보습을 만들고 그들의 창을 쳐서 낫을 만들 것
이며 이 나라와 저 나라가 다시는 칼을 들고 서로 치지 아니하며
다시는 전쟁을 연습하지 아니하리라/야곱 족속아 오라 우리가
여호와의 빛에 행하자

춤추게 하는 지

오늘
맑은 가을 하늘이
푸른빛으로 세상을 한 아름에 안았고
늙은 눈으로도 멀리
남산이 훤하다

영글음을 명 받았는지
저 들녘이 황금빛 융단을 깔고
고개 숙인 열매를 모두어
봉헌의 춤이 한창이다

시온의 딸들아
교만하여 늘인 목을 거두고
화관과 발목사슬을 거둘지라
그의 영광의 눈을 범하지 말지어다

노끈이 띠를 대신하고
굵은 베옷이 화려함을 대신하리니

겸손의 옷을 입고
영광의 임재 앞으로 지금 나오라

저 들판
주님의 만지심의 손길을 보라
여린 떨림으로 춤추는 꽃잎
산 그림자 타고 노니는 작은 물고기
그 소박하고 진실한 찬양들

아름다운 인생을 노래하라
사모함의 눈물로 춤을 추라
성령께 기대어 서서
네 이웃의 영혼을 춤추게 하는
그런 행복한 영적도시를 꿈꾸어라

5

본문: 사 3:4-7

그가 또 소년들을 그들의 고관으로 삼으시며 아이들이 그들을
다스리게 하시리니/ 백성이 서로 학대하여 각기 이웃을 잔해하
며 아이가 노인에게, 비천한 자가 존귀한 자에게 교만할 것이며/
혹시 사람이 자기 아버지 집에서 자기의 형제를 붙잡고 말하기
를 네게는 겉옷이 있으니 너는 우리의 통치자가 되어 이 폐허를
네 손아래에 두라 할 것이면/ 그 날에 그가 소리를 높여 이르기를
나는 고치는 자가 되지 아니하겠노라 내 집에는 양식도 없고 의
복도 없으니 너희는 나를 백성의 통치자로 삼지 말라 하리라

여호와의 싹
생명을 가지고 오신 주님
나의 피난처시오, 거할 성 되사
그 땅의 소산이
나를 영화롭게 하시오니
부활의 첫 열매되신
주님의 은총이라

그러므로
나의 모든 첫 시간을 예배하오니
내 영이 살리라, 춤추리라
살아남은 자가 되니라

시온에 남아 있는 자
예루살렘에 생존하는 자
대저
주님 앞에 거룩한 자가 되기를 원하옵나니
구름기둥 불기둥으로 나를 보호하시고

성령의 은혜로, 사랑으로, 말씀으로,
씻으시고, 용서하시고, 용납하여 주옵소서

주여 이 시간 비옵나니
주의 자비로 나를 덮어 주시고
주의 초막에 영원히 거하게 하옵소서

6

이는 주께서 심판하는 영과 소멸하는 영으로 시온의 딸들의 더러
움을 씻기시며 예루살렘의 피를 그 중에서 청결하게 하실 때가 됨
이라/ 여호와께서 거하시는 온 시온 산과 모든 집회 위에 낮이면
구름과 연기, 밤이면 화염의 빛을 만드시고 그 모든 영광 위에 덮
개를 두시며/ 또 초막이 있어서 낮에는 더위를 피하는 그늘을 지
으며 또 풍우를 피하여 숨는 곳이 되리라

슬픈 포도원

심히 기름진 산
거기 포도원을 세우시고
언약의 땅 , 축복의 땅
젖과 꿀이 흐르는 가나안 땅
거기 황무지를 개간하여
사막에서 꽃이 피게 하시고
큰 열매, 번영을 기다리시는 주님

천년을 하루같이
끝까지 참아내시며
상하고 찢기시고
즙 틀에서 흐르는 그 보혈의 은총
용서하라 화해하라
사랑으로 회복시키라
주님의 보혈에 취해 삶을 축제로 노래하라

하나님의 행하시는 일에 관심을 거둔 자여
포학을 거두고 정의를 행하라

네 부르짖음을 거두고 공의를 노래하라
사랑하는 자여
네 교만을 거둬들이고
포도원을 정비하라
담을 치고 망대를 세우라
이제
들 포도를 땅에 쏟고
극상품포도 향기로 네 교회를 채우라

7

나는 내가 사랑하는 자를 위하여 노래하되 내가 사랑하는 자의
포도원을 노래하리라 내가 사랑하는 자에게 포도원이 있음이여
심히 기름진 산에로다/ 땅을 파서 돌을 제하고 극상품 포도나무
를 심었도다 그 중에 망대를 세웠고 또 그 안에 술틀을 팠도다
좋은 포도 맺기를 바랐더니 들포도를 맺었도다

너의 순결한 눈을 들어
여호와의 위엄과 영광을 보라
하나님이 하나님 되심을 아는가
하나님이 위로자 이심을 아는가
여호와 하나님이 구원자이심을 아는가
이는 영광의 옷자락을 아는 것이라

하나님의 마음으로 세상을 보고
하나님의 마음으로 사람을 수용하고
여호와 하나님의 마음으로 사람을 포용 하는가
이로서 하나님의 옷자락을 경험하리라

불같은 자 스랍의 날개로 얼굴을 가리우라
여호와 앞에 겸손함으로 엎드리라
그 날개로 네 발을 가리우라
여호와 앞에 성결의 삶을 살리라
미물인 기차도 비행기도 불이 없으면 못 가나니
너희 심령에 불이 임해야 하느니라

불같은 주님의 성도가 될 지니라

거룩. 거룩. 거룩하다
하나님의 생각과 여호와의 뜻이 너희와 다르나니
왕의 다스리심을 사모하고 인정하라
감사로 화답하라 찬양으로 화답하라
너희의 성전 문지방이 흔들리리니
비로소
삶의 문지방이
성령의 떨리는 삶으로 펼쳐지리라

8

본문: 사6:1-5

웃시야 왕이 죽던 해에 내가 본즉 주께서 높이 들린 보좌에 앉으셨는데 그의 옷자락은 성전에 가득하였고 / 스랍들이 모시고 섰는데 각기 여섯 날개가 있어 그 둘로는 자기의 얼굴을 가리었고 그 둘로는 자기의 발을 가리었고 그 둘로는 날며/ 서로 불러 이르되 거룩하다 거룩하다 거룩하다 만군의 여호와여 그의 영광이 온 땅에 충만하도다 하더라/ 이같이 화답하는 자의 소리로 말미암아 문지방의 터가 요동하며 성전에 연기가 충만한지라/ 그 때에 내가 말하되 화로다 나여 망하게 되었도다 나는 입술이 부정한 사람이요 나는 입술이 부정한 백성 중에 거주하면서 만군의 여호와이신 왕을 뵈었음이로다 하였도다

임마누엘 신앙

때로
숲이 바람에 흔들리듯이
너희의 믿음이 요동하고 흔들리거든
이르시는 주님의 말씀의 깃발
우주 안에 가득 찬 그 음성을 들으라

너희는
어디에서 성경을 배웠는가
어디에서 하나님의 말씀을 배웠는가
'너희는 마음에 근심하지 말라'고 하신 말씀을
어찌 지키지 못 하는가

여호와의 한 징조를 구하라
깊은 데에서든지 높은 데에서든지
더 깊은 차원에서 구하여라

임마누엘의 하나님
그가 너희의 죄악을 버려주시나니

너희를 거절치 않으시고
너희를 초월해서 받으시는 그 사랑으로
평온하고 잠잠케 하심이라

대저
여호와를 구하는 자에게
하늘과 땅의 문제를 풀어 주사
악과 사탄을 밀어버리시나니
마침내 너희가
엉긴 젖과 꿀을 먹으리라

9

본문: 사7:14

그러므로 주께서 친히 징조를 너희에게 주실 것이라 보라 처녀가
잉태하여 아들을 낳을 것이요 그의 이름을 임마누엘이라 하리라

동지 달 문턱
앞뜰 작은 화분들을 안으로 들여
언 살갗을 녹여주노라니
문득
아기처럼 철없고 순진해 터진
그런 나를, 구원하러 오신 아기 예수님 생각.

어느 한날에
생명의 빛으로 오시어
내 안의 '고통의 땅'
그 갈릴리를 영화롭게 하셨으니
사망의 그늘진 땅에 흑암이 사라지고
비로소 내 인생,
생명의 태초가 되게 하시었네

세상 모든 권세를
어깨 위 십자가로 바꿔 메시고
기묘자라, 기적의 하나님으로 오시었네

모사라, 내 인생의 지휘자가 되시었네

전능하신 하나님, 권능의 주님

영존하시는 아버지시라
어그러진 내 인생을 새롭게 창조해 주시고
평강의 왕이라, 샬롬의 복으로 오신 주님
십자가 권능의 열쇠로
만군의 여호와께서 이를 이루어 주시오니
나를 복된 사람 되게 하심이러라

10

본문: 사9:6-7

이는 한 아기가 우리에게 났고 한 아들을 우리에게 주신 바 되었는데 그의 어깨에는 정사를 메었고 그의 이름은 기묘자라, 모사라, 전능하신 하나님이라, 영존하시는 아버지라, 평강의 왕이라 할 것임이라/ 그 정사와 평강의 더함이 무궁하며 또 다윗의 왕좌와 그의 나라에 군림하여 그 나라를 굳게 세우고 지금 이후로 영원히 정의와 공의로 그것을 보존하실 것이라 만군의 여호와의 열심히 이를 이루시리라

물이 바다 덮음 같이

이새의 줄기라
메마른 가지, 그 그루터기에서
한 싹이 되어 오신 아기 예수
곧 하나님의 권능으로 오심이라
동정녀의 몸을 통해
오직 하나님의 능력으로 오신 아기

그는
눈에 보이는 대로 심판하지 않으시고
귀에 들리는 대로 판단하지 않으시며
오직 공의로, 여호와의 정직으로
평안 가운데
사랑으로 채찍질 하시고 고치심이라

그는
고귀하고 튼실한 열매
지혜의 영으로 임하사
내가 비로소 하나님을 신뢰하고

죄를 피하게 하는 심령을 주시나니
이는 영적 용맹을 주시기 위함이라

이후로는
여호와를 경외함이 나의 숨이 되리니
총명과 재능의 영이 임하리라
모략과 지식의 영이 임하리라
악한 것이 엿보지도 못하리니
물이 바다를 덮음같이
여호와의 진실한 믿음의 열매가
진정 평화의 나라를 이루리라

이새의 줄기에서 한 싹이 나며 그 뿌리에서 한 가지가 나서 결실할 것이요/ 그의 위에 여호와의 영 곧 지혜와 총명의 영이요 모략과 재능의 영이요 지식과 여호와를 경외하는 영이 강림하시리니/ 그가 여호와를 경외함으로 즐거움을 삼을 것이며 그의 눈에 보이는 대로 심판하지 아니하며 그의 귀에 들리는 대로 판단하지 아니하며/ 공의로 가난한 자를 심판하며 정직으로 세상의 겸손한 자를 판단한 것이며 그의 입의 막대기로 세상을 치며 그의 입술의 기운으로 악인을 죽일 것이며 /공의로 그의 허리띠를 삼으며 성실로 그의 몸의 띠를 삼으리라/그 때에 이리가 어린 양과 함께 살며 표범이 어린 염소와 함께 누우며 송아지와 어린 사자와 살진 짐승이 함께 있어 어린 아이에게 끌리며/ 암소와 곰이 함께 먹으며 그것들의 새끼가 함께 엎드리며 사자가 소처럼 풀을 먹을 것이며/ 젖 먹는 아이가 독사의 구멍에서 장난하며 젖 뗀 어린 아이가 독사의 굴에 손을 넣을 것이라/ 내 거룩한 산 모든 곳에서 해됨도 없고 상함도 없을 것이니 이는 물이 바다를 덮음 같이 여호와를 아는 지식이 세상에 충만할 것임이니라

LOVELY BOUQUET

영혼의 떨림
차디찬 손, 이미 고통의 배앓이,
얼굴이 불꽃 같으니이다
이리와 표범과 독사의 창백한 잔꾀
어린양과 송아지의 숨은 울음
아아, 어린 양 그 보혈의 피
포악한 짐승도 이끌고 가시는
바다 같은 사랑이여

놋 뱀을 바라보라
어린 양 그 십자가를 보라
반드시 네가 살리라 회복의 은총을 보리라
거기 라합의 집 붉은 줄을 잡으라
하늘 아버지께 돌아가리니

그 날에
해함도 상함도 없는 그 나라
남은 백성이 돌아오게 되리라

너를 슬픔과 곤고와 수고하는 고역에서

놓으시고 안식을 주시는 날에

물이 바다를 덮음 같이

여호와의 영광이 네 삶을 덮으리니

암탉이 병아리를 품듯

쫓겨난 자도 모으시나니

붉은 깃발, 거기 네 주님의 보혈을 바라보라

12

본문: 사11:6-12

그 때에 이리가 어린 양과 함께 살며 표범이 어린 염소와 함께 누우며 송아지와 어린 사자와 살진 짐승이 함께 있어 어린 아이에게 끌리며/암소와 곰이 함께 먹으며 그것들의 새끼가 함께 엎드리며 사자가 소처럼 풀을 먹을 것이며/ 젖 먹는 아이가 독사의 구멍에서 장난하며 젖 뗀 어린 아이가 독사의 굴에 손을 넣을 것이라/ 내 거룩한 산 모든 곳에서 해 됨도 없고 상함도 없을 것이니 이는 물이 바다를 덮음 같이 여호와를 아는 지식이 세상에 충만할 것임이니라/ 그 날에 이새의 뿌리에서 한 싹이 나서 만민의 기치로 설 것이요 열방이 그에게로 돌아오리니 그가 거한 곳이 영화로우리라/ 그 날에 주께서 다시 그의 손을 펴사 그의 남은 백성을 앗수르와 애굽과 바드로스와 구스와 엘람과 시날과 하맛과 바다 섬들에서 돌아오게 하실 것이라/ 여호와께서 열방을 향하여 기치를 세우시고 이스라엘의 쫓긴 자들을 모으시며 땅 사방에서 유다의 흩어진 자들을 모으시리니

내 영혼아 여호와를 찬송하라
물든 죄악을 씻기신 주님께 그 손을 들라
노하셨던 진노를 푸신 여호와께 감사하라
가난과 저주에서 해방을 주신
구원되신 네 주님을 찬양하라

보라
상한 갈대도 꺾지 않으시고
꺼져가는 등불도 소성케 하시나니
오직 나를 안위하시는 자시라
두려움과 구름을 걷어 주시나니
의와 평강과 희락으로 노래하리라

기쁨으로 춤추는 그 두레박으로
구원의 우물에서 생수를 구하리니
가뭄에도 마르지 않는 샘이요
찬송의 열매를 길어 올리게 하심이라
감사하고 찬송하라

영광의 그 주님을 소리 높여 외치라

내 영혼아 오직 여호와를 찬송하라
내게 거룩의 옷을 입히시고
극히 아름다운 위대한 일을 행하신
구원의 하나님
오직 그 주님만을 찬송할 지어다

13

분문: 사12:1-6

그 날에 네가 말하기를 여호와여 주께서 전에는 내게 노하셨사오나 이제는 주의 진노가 돌아섰고 또 주께서 나를 안위하시오니 내가 주께 감사하겠나이다 할 것이니라/ 보라 하나님은 나의 구원이시라 내가 신뢰하고 두려움이 없으리니 주 여호와는 나의 힘이시며 나의 노래시며 나의 구원이심이라/ 그러므로 너희가 기쁨으로 구원의 우물들에서 물을 길으리로다 / 그 날에 너희가 또 말하기를 여호와께 감사하라 그의 이름을 부르며 그의 행하심을 만국 중에 선포하며 그의 이름이 높다 하라/ 여호와를 찬송할 것은 극히 아름다운 일을 하셨음이니 이를 온 땅에 알게 할지어다/ 시온의 주민아 소리 높여 부르라 이스라엘의 거룩하신 이가 너희 중에서 크심이니라 할 것이니라

거룩한 축제

오라
오늘이 바로 그날 이니라
이 산 , 시온에서 주님이 베푸신 연회
새 하늘과 새 땅이 열린 곳이니
묵은 땅을 기경하고 옛것을 던지고
여호와의 잔치를 노래하고 춤을 추라

골수가 가득한 것과
맑은 포도주를 내시나니
생명의 양식이요 주님의 보혈이니
십자가 피 흘리신 어린양의 잔치여라

주 여호와의 손으로
네 얼굴의 눈물을 씻기시며
자기 백성의 수치를 온 천하에서 제하시나니
우리의 슬픔과 고통을 만져주시는 용서의 은총이요
상한 심령을 위로하시는 회복의 은총이어라

어리석은 자의 가리개를 벗기시고
환란과 근심의 덮개를 제하시니
죄악의 찌꺼기가 사라지고
기쁨의 포도주가 부어지나니
새롭고 산 길이라
찢긴 휘장의 은총이라

전쟁을 승리케 하신 주님을 찬양하라
가난도 상처도 억울함도 아픈 가슴도 다 제하셨나니
네 목소리를 나팔같이 높여 크신 은총을 노래하라
손을 높이 들어 베푸신 잔치에서 깃발처럼 춤을 추라
이제 새 하늘이 열리리니
정녕 축제의 해가 될 지어다

14

본문: 사25:6-8

만군의 여호와께서 이 산에서 만민을 위하여 기름진 것과 오래 저장하였던 포도주로 연회를 베푸시리니 곧 골수가 가득한 기름진 것과 오래 저장하였던 맑은 포도주로 하실 것이며/ 또 이 산에서 모든 민족의 얼굴을 가린 가리개와 열방 위에 덮인 덮개를 제하시며/ 사망을 영원히 멸하실 것이라 주 여호와께서 모든 얼굴에서 눈물을 씻기시며 자기 백성의 수치를 온 천하에서 제하시리라 여호와께서 이같이 말씀 하셨느니라

내겐 큰 성이 하나 있네
내 요새요 피난처시라
폭양을 피하는 그늘이 되시나니
이방인의 소란을 그치게 하시며
포학한 자의 노래를 낮추시는 은총이라

패하지 않을 성읍
사탄이 넘보지 못할 견고한 성
곤고한 자가 부르짖으매 문들이 열려
광활한 생명의 땅으로 인도하심이여

영혼의 헐벗음으로 고통의 재를 뒤집어써도
결코 흔들리지 않는 소망의 문 열어
견고한 심지로 불을 밝히게 하시니
곧 평강에 평강을 더하시는 은혜요 은혜여라

본문: 사26:1-7

그 날에 유다 땅에서 이 노래를 부르리라 우리에게 견고한 성읍이 있음이여 여호와께서 구원을 성벽과 외벽으로 삼으시리로다/ 너희는 문들을 열고 신의를 지키는 의로운 나라가 들어오게 할지어다/ 주께서 심지가 견고한 자를 평강하고 평강하도록 지키시리니 이는 그가 주를 신뢰함이니이다/ 너희는 여호와를 영원히 신뢰하라 주 여호와는 영원한 반석이심이로다/ 높은 데에 거주하는 자를 낮추시며 솟은 성을 헐어 땅에 엎으시되 진토에 미치게 하셨도다/ 발이 그것을 밟으리니 곧 빈궁한 자의 발과 곤핍한 자의 걸음이리로다/ 의인의 길은 정직함이여 정직하신 주께서 의인의 첩경을 평탄하게 하시도다

주의 은총을 입을지라도 의를 배우지 않는 자
여호와의 위엄을 돌아보지 아니하며
정직한 자의 땅에서 불의를 행하는 자
우리가 주의 심판을 면할 수 없음이여

인생의 큰 깊음과 어두움 가운데
주의 열성으로 우리를 살리시고
내 영혼이 주를 사모함이 승하여
주야로 눈물이 시내를 이루나니
오직 하나의 사랑으로
그리움을 채워주시는 크나큰 은총

내 영혼의 떨림 어루만져
깊은 잠 재우시고
하늘가득 평안의 이불을 덮으시는 은혜

용서의 사람으로, 관용의 사람으로
우리의 마음 지경 넓히시고
오직 주님의 이름을 노래하는 자되니

다시금 지혜로, 축복으로
우리의 경계를 날마다 넓히시고
의의 땅 경작할
영혼의 갈망 하나 심어 주시는
그 깊고도 깊은 사랑이여!

여호와여 주께서 심판하시는 길에서 우리가 주를 기다렸사오며 주의 이름을 위하여 또 주를 기억하려고 우리 영혼이 사모하나이다/ 밤에 내 영혼이 주를 사모하였사온즉 내 중심이 주를 간절히 구하오리니 이는 주께서 땅에서 심판하시는 때에 세계의 거민이 의를 배움이니이다/ 악인은 은총을 입을지라도 의를 배우지 아니하며 정직한 자의 땅에서 불의를 행하고 여호와의 위엄을 돌아보지 아니하는도다/ 여호와여 주의 손이 높이 들릴지라도 그들이 보지 아니하오나 백성을 위하시는 주의 열성을 보면 부끄러워할 것이라 불이 주의 대적들을 사르리이다/ 여호와여 주께서 우리를 위하여 평강을 베푸시오리니 주께서 우리의 모든 일도 우리를 위하여 이르심이니이다/ 여호와 우리 하나님이시여 주 외에 다른 주들이 우리를 관할하였사오나 우리는 주 만 의지하고 주의 이름을 부르리이다/ 그들은 죽었은즉 다시 살지 못하겠고 사망하였은즉 일어나지 못할 것이니 이는 주께서 벌하여 그들을 멸하사 그들의 모든 기억을 없이하셨음이니이다/ 여호와여 주께서 이 나라를 더 크게 하셨고 이 나라를 더 크게 하셨나이다 이 땅의 모든 경계를 확장하셨나이다

구원의 노래 IV

험산준령 혼미한 영혼들은
간교한 사슬을 햇살에 감추어
죄악의 그물을 일삼으니
주여 이 백성을 불쌍히 여기소서

정한 마음과 정직한 영을 간구하는 자여
환난 중 네 영혼의 간구로 소리치라
여인의 산고처럼 부르짖는 네 외침이
한낮 바람을 낳은 듯 허공을 울릴지라도
네 영혼의 지성소로 들어가라
네 문을 닫고 분노가 지나가기 까지 거기 숨으라

보라 여호와께서 그의 처소에서 나오시나니
고통속의 구원의 노래를 들으심이라
죽은 자들아, 티끌에 누운 자들아 일어나라
그의 공의의 빛이 네게 쏟아지나니
네 모든 아픔이 아물어 평화의 노래가 되리라

이제 네게 주의 이슬이 내리나니
이는 빛난 이슬이요 땅이 생명을 잉태하리라
두려워 말라
정녕 네게서 꿈과 희망이,
거룩한 생명들이, 태어나리라

17

본문: 사26:16-19

여호와여 그들이 환난 중에 주를 앙모하였사오며 주의 징벌이 그
들에게 임할 때에 그들이 간절히 주께 기도 하였나이다/ 여호와
여 잉태한 여인이 산기가 임박하여 산고를 겪으며 부르짖음 같이
우리가 주 앞에서 그와 같으니이다/ 우리가 잉태하고 산고를 당
하였을지라도 바람을 낳은 것 같아서 땅에 구원을 베풀지 못하
였고 세계의 거민을 출산하지 못하였나이다/ 주의 죽은 자들은
살아나고 그들의 시체들은 일어나리이다 티끌에 누운 자들아 너
희는 깨어 노래하라 주의 이슬은 빛난 이슬이니 땅이 죽은 자들
을 내놓으리로다

포도원의 노래

아침 동산
새삼 새소리가 맑으니 봄이 오는 가 봅니다
골짜기 바위틈 양지 바른 곳
뽀얀 잔설이 나른한 기지개를 펴대니
정녕 봄인가 봅니다

님의 동산
밤 낮 간수하시고 물을 주시는 포도원에
작은 노래 소리가 들리기 시작 합니다
'리워야단'의 뱀을 아주 멀리 던져 내시고
찔레와 가시덤불도 걷어 내시니
이후로는
아무도 해할 자가 없음을 마음으로 봅니다

우리의 흠과 티를 역청으로 덮으사
그 보혈의 은총으로 속하고 덮으셨나니
'너의 포도원에 노함이 없다' 말씀하심이라
우리가 다 야곱이라

가장 낮고 비천한 자였으나
우리의 기도로 뿌리를 내리게 하시니
이스라엘에 움이 돋고 꽃이 피어 나리라

포도원에 봄이 오는 가 봅니다
생수의 강을 부어 목마름을 거둬 주시니
아픈 가지에도 움을 티우고 새살이 돋아 오릅니다
승리의 꽃, 축복의 꽃이 만발할 것입니다

님의 동산,
우리의 포도원을 100배의 결실로
온 지면에 채워 주시니
새 손을 들어 우리의 영혼이 노래를 부릅니다.
깊은 발굴음 으로 춤을 추어 올립니다.

18

본문: 사27:2-6

그 날에 너희는 아름다운 포도원을 두고 노래를 부를지어다/ 나 여호와는 포도원지기가 됨이여 때때로 물을 주며 밤낮으로 간수하여 아무든지 이를 해치지 못하게 하리로다/ 나는 포도원에 대하여 노함이 없나니 찔레와 가시가 나를 대적하여 싸운다 하자 내가 그것을 밟고 모아 불사르리라/ 그리하지 아니하면 내 힘을 의지하고 나와 화친하며 나와 화친할 것이니라/ 후일에는 야곱의 뿌리가 박히며 이스라엘의 움이 돋고 꽃이 필 것이라 그들이 그 결실로 지면을 채우리로다

우리 하나님 여호와는
그 문에 기대서서 날마다 기다리시나니
네게 은혜를 베풀려 하심이라

우리 하나님 여호와는
그 보좌 위에서 시마다 일어나시리니
너를 긍휼히 여기려 하심이라

시온에 거주하며 예루살렘에 거주하는
너 하나님의 백성이여
땅에서 부르짖는 네 소리를 들으시리니
너희가 다시는 통곡하지 아니할 것이라

우리 하나님 여호와는
자기 백성의 상처를 싸매시며
맞은 자리를 어루만지시나니
깨어지고 부서진 너희를 치유하시느니라

마침내

달빛 같은 너희가 하나님의 빛을 받았나니

그리스도 주 예수를 사모할 것이요

햇빛과 같겠고 일곱 날의 빛과 같으리니

너희에게 은혜가 넘치고 넘치리라

19

본문: 사 30:18-26

그러나 여호와께서 기다리시나니 이는 너희에게 은혜를 베풀려 하심이요 일어나시리니 이는 너희를 긍휼히 여기려 하심이라 대저 여호와는 정의의 하나님이심이라 그를 기다리는 자마다 복이 있도다/ 시온에 거주하며 예루살렘에 거주하는 백성아 너는 다시 통곡하지 아니할 것이라 그가 네 부르짖는 소리로 말미암아 네게 은혜를 베푸시되 그가 들으실 때에 네게 응답하시리라/ 주께서 너희에게 환난의 떡과 고생의 물을 주시나 네 스승은 다시 숨기지 아니하시리니 네 눈이 네 스승을 볼 것이며/ 너희가 오른쪽으로 치우치든지 왼쪽으로 치우치든지 네 뒤에서 말소리가 네 귀에 들려 이르기를 이것이 바른 길이니 너희는 이리로 가라 할 것이며/ 또 너희가 너희 조각한 우상에 입힌 은과 부어 만든 우상에 올린 금을 더럽게 하여 불결한 물건을 던짐 같이 던지며 이르기를 나가라 하리라/ 너가 땅에 뿌린 종자에 주께서 비를 주사 땅이 먹을 것을 내며 곡식이 풍성하고 기름지게 하실 것이며 그 날에 네 가축이 광활한 목장에서 먹을 것이요/ 밭가는 소와 어린 나귀도 키와 쇠스랑으로 까부르고 맛있게 한 먹이를 먹을 것이며/ 크게 살육하는 날 망대가 무너질 때에 고산마다 준령마다 그 뒤에 개울과 시냇물이 흐를 것이며/ 여호와께서 자기 백성의 상처를 싸매시며 그들의 맞은 자리를 그치시는 날에는 달빛은 햇빛 같겠고 햇빛은 일곱 배가 되어 일곱 날의 빛과 같으리라

거기
굽은 등을 숙이고 애굽으로 내려가는 자여
그대 슬픈 눈이 무엇을 바라 보는가
근심과 염려와 미움과 시린 아픔의 상처로
그 눈이 먼 자여
닫힌 눈을 들어 하나님을 바라보시오
이제 비로소 그대의 아픔을 잊게 되리니
예루살렘으로 올라감 때문이라

애굽은 사람이요 흙이라
그를 의지하지 말지니
주의 날개 아래 거하라
하나님의 날개, 십자가의 날개를 펴시사
대적의 손에서 구원하시고
눈동자같이 지키시고 보호하시나니
오직 그 은혜로 재앙과 죽음은 넘어가리라

마침내
권능의 손을 펴시사
구하고 묻는 자를 찾아내시나니
빛의 날개 아래 고이 품으시고 어루단지사
승리의 깃발 높이 꽂으시고
회복의 꽃 한송이 피우시는 핏빛 은총이여

20

본문: 사31:1-8

도움을 구하러 애굽으로 내려가는 자들은 화 있을진저 그들은
말을 의지하며 병거의 많음과 마병의 심히 강함을 의지하고 이스
라엘의 거룩하신 이를 앙모하지 아니하며 여호와를 구하지 아니
하나니/ 여호와께서도 지혜로우신즉 재앙을 내리실 것이라 그의
말씀들을 변하게 하지 아니하시고 일어나사 악행하는 자들의 집
을 치시며 행악을 돕는 자들을 치시리니/ 애굽은 사람이요 신이
아니며 그들의 말들은 육체요 영이 아니라 여호와께서 그의 손을
펴시면 돕는 자도 엎드러져서 다 함께 멸망하리라/ 여호와께서
이같이 내게 이르시되 큰 사자나 젊은 사자가 자기의 먹이를 움
키고 으르렁거릴 때에 그것을 치려고 여러 목자를 불러 왔다 할
지라도 그것이 그들의 소리로 말미암아 놀라지 아니할 것이요 그
들의 떠듦으로 말미암아 굴복하지 아니할 것이라 이와 같이 나
만군의 여호와가 강림하여 시온 산과 그 언덕에서 싸울 것이라/
새가 날개 치며 그 새끼를 보호함같이 나 만군의 여호와가 예루
살렘을 보호할 것이라 그것을 호위하며 건지며 뛰어넘어 구원하
리라 하셨느니라/ 이스라엘 자손들아 너희는 심히 거역하던 자
에게로 돌아오라/ 너희가 자기 손으로 만들어 범죄한 은 우상,
금 우상을 그날에는 각 사람이 던져 버릴 것이며/ 앗수르는 칼에
엎드러질 것이나 사람의 칼로 말미암음이 아니겠고 칼에 삼켜질
것이나 사람의 칼로 말미암음이 아닐 것이며 그는 칼 앞에서 도
망할 것이요 그의 장정들은 복역하는 자가 될 것이라

너의 장막터가 소리치고
네 찬송과 기도가 슬픈 짐승의 울음이 될 때
너는 무엇을 바라보는가
너는 고난의 언덕을 보는가, 주저앉은 너를 바라 보는가
너를 메어치려는 자 그를 묵상 하는가
아니, 지금 머문 해를 바라보는가

너는 다만 길이 참으라
공의의 아버지 네 우편에 계시나니
너는 그 그늘에 누울 지라
오직 한 곳 거기서
광풍을 피하며 폭우를 가려 주시나니
네 곤비한 땅, 마른 땅에 맑은 냇물이 넘치리라

너는 주의 강림하심을 고대하며
그의 역사하심을 바라보라
호리라도 네 고난으로 원망의 피리를 불지 말며

네 여리고 상한 심령을 굳게 할지라
다시 말하노니 마음을 담대히 하라
오직 다가올 그 날들로 노래할 지어다

여호와는 결코 서두르지 아니하시나니
너의 길이 참음에 복을 내리시고
어눌한 혀를 풀어 주사
단련하신 후에 정금같이 나아오게 하시나니
그가 예비하신 새 땅의 새 역사가
네 앞에 융단처럼 펼쳐지리니
보는 너의 눈이 감기지 못할 것이요
네가 항상
주님의 존귀한 일에 서리라

보라 장차 한 왕이 공의로 통치할 것이요 방백들이 정의로 다스
릴 것이며/ 또 그 사람은 광풍을 피하는 곳, 폭우를 가리는 곳 같
을 것이며 곤비한 땅에 큰 바위 그늘 같으리니/ 보는 자의 눈이
감기지 아니할 것이요 듣는 자가 귀를 기울일 것이며/ 조급한 자
의 마음이 지식을 깨닫고 어눌한 자의 혀가 민첩하여 말을 분명
히 할 것이라/ 어리석은 자를 다시 존귀하다 부르지 아니하겠고
우둔한 자를 다시 존귀한 자라 말하지 아니하리니/ 이는 어리석
은 자는 어리석은 것을 말하며 그 마음에 불의를 품어 간사를 행
하며 패역한 말로 여호와를 거스르며 주린 자의 속을 비게 하며
목마른 자에게서 마실 것을 없어지게 함이며/ 악한 자는 그 그릇
이 악하여 악한 계획을 세워 거짓말로 가련한 자를 멸하며 가난
한 자가 말을 바르게 할지라도 그리함이거니와/ 존귀한 자는 존
귀한 일을 계획하나니 그는 항상 존귀한 일에 서리라

사랑하는 자여

보혈의 강을 건너 의에 옷을 입은 자여

너는 강포한 백성을 돌아보지 말라

다시 말하노니 두려워 말지어다

계산하던 자가 어디 있느냐

공세를 계량하던 자가 어디 있느냐

망대를 높이 세워 너를 엿보던 자가 어디 있느냐

그 백성의 방언이 다시는 들리지 아니하리니

영영히 뽑히지 않을 주님의 십자가를 바라보라

오늘은 너의 하나님 여호와의 성일이니

근심으로 슬퍼하지 말며 울지 말라

주 여호와를 기뻐함이 너의 힘이 되리라

모든 영광과 위엄이 다 주께 속하였나니

너는 오로지 주께 감사하며

그의 영화로우신 이름을 찬양할 지어다

사랑하는 자여

우리의 절기 시온성을 바라보라

여호와는 우리의 재판장 되시오니

큰 호수가 있으나 노 젓는 배가 통과하지 못하리라

네 눈을 들어 주님께서 확장하신

저 광활한 땅을 바라보라

그곳 거민이 다시는 병들지 않을 것이며

그 백성의 죄를 사하시리라

부와 귀가 주께로 말미암고

주의 손에 권세와 능력이 있사오니

너를 크게 하시고 강하게 하시리라

빼앗긴 재물보다 더 큰 탈취물을 얻으리니

나누고 누리는 축복을

너의 두 눈으로 보게 될 것임이라

22

네 눈은 왕을 그의 아름다운 가운데에서 보며 광활한 땅을 눈으로 보겠고/ 네 마음은 두려워하던 것을 생각해 내리라 계산하던 자가 어디 잇느냐 공세를 계량하던 자가 어디 있느냐 망대를 계수하던 자가 어디 있느냐/ 네가 강포한 백성을 보지 아니하리라 그 백성은 방언이 어려워 네가 알아듣지 못하며 말이 이상하여 네가 깨닫지 못하는 자니라/ 우리 절기의 시온 성을 보라 네 눈이 안정된 처소인 예루살렘을 보리니 그것은 옮겨지지 아니할 장막이라 그 말뚝이 영영히 뽑히지 아니할 것이요 그 줄이 하나도 끊어지지 아니할 것이며/ 여호와는 거기에 위엄 중에 우리와 함께 계시리니 그 곳에는 여러 강과 큰 호수가 있으나 노 젓는 배나 큰 배가 통행하지 못하리라/ 대저 여호와는 우리 재판장이시오 여호와는 우리에게 율법을 세우신 이요 여호와는 우리의 왕이시니 그가 우리를 구원하실 것임이라/ 네 돛대 줄이 풀렸으니 돛대의 밑을 튼튼히 하지 못하였고 돛을 달지 못하였느니라 때가 되면 많은 재물을 탈취하여 나누리니 저는 자도 그 재물을 취할 것이며 / 그 거주민은 내가 병들었노라 하지 아니할 것이라 거기에 사는 백성이 사죄함을 받으리라

사막에 꽃이 피리라

메마른 땅 광야에 거친 바람이 일고
소망을 잃은 절망의 땅
늘어진 손을 휘저으며 떨리는 무릎으로
거기 두려움의 기둥을 쌓아 올리는 자여

골고다 영문 밖의 길
주님 십자가 지고 오르신 길
은총의 길 그 광야를 바라보는가
메마른 땅, 주님 가신 그 길에서
피로 피워내신 백합화를 네가 보게 되리니
기쁜 노래로 즐거워하며
새 노래의 축제가 펼쳐지리라

약한 손을 강하게 하라
늘어진 손을 강하게 하라
네 떨리는 무릎을 굳게 세우라
너의 메마른 땅에서 성전의 기둥인 백향목이 자라나리니
곧 골고다 영문 밖 길의 탄생 목(木) 임이라

십자가를 붙들라 사는 역사가 있으리니
네가 굳세어 사탄에겐 강곽하고 하나님껜 순종하라
네 인생의 사막에 비로소 꽃이 피고
백향목이 자라리니
너는 하나님의 교회를 세워가는 강한 용사가 될지어다

23

본문; 사35:1-10

광야와 메마른 땅이 기뻐하며 사막이 백합화 같이 피어 즐거워하며/ 무성하게 피어 기쁜 노래로 즐거워하며 레바논의 영광과 갈멜과 사론의 아름다움을 얻을 것이라 그것들이 여호와의 영광 곧 우리 하나님의 아름다움을 보리로다/ 너희는 약한 손을 강하게 하며 떨리는 무릎을 굳게 하며 /겁내는 자들에게 이르기를 굳세어라, 두려워하지 말라, 보라 너희 하나님이 오사 보복하시며 갚아 주실 것이라 하나님이 오사 너희를 구하시리라 하라/ 그 때에 맹인의 눈이 밝을 것이며 못 듣는 사람의 귀가 열릴 것이며/ 그 때에 저는 자는 사슴 같이 뛸 것이며 말 못하는 자의 혀는 노래하리니 이는 광야에서 물이 솟겠고 사막에서 시내가 흐를 것임이라/ 뜨거운 사막이 변하여 못이 될 것이며 메마른 땅이 변하여 원천이 될 것이며 승냥이의 눕던 곳에 풀과 갈대와 부들이 날 것이며/ 거기에 대로가 있어 그 길을 거룩한 길이라 일컫는바 되리니 깨끗하지 못한 자는 지나가지 못하겠고 오직 구속함을 입은 자들을 위하여 있게 될 것이라 우매한 행인은 그 길로 다니지 못할 것이며/ 거리에는 사자가 없고 사나운 짐승이 그리로 올라가지 아니하므로 그것을 만나지 못하겠고 오직 구속함을 받은 자만 그리로 행할 것이며 / 여호와의 속량함을 받은 자들이 돌아오되 노래하며 시온에 이르러 그들의 머리 위에 영영한 희락을 띠고 기쁨과 즐거움을 얻으리니 슬픔과 탄식이 사라지리로다

새롭게 하소서

주님
제 눈이 열려지게 하소서
하나님을 하나님으로 보게 하시고
이웃을 사랑으로 보게 하시며
관계의 선악이 거울처럼 보여지게 하소서

주님
제 귀가 열려지게 하소서
사탄의 소리엔 귀먹게 하시고
하나님의 말씀만이 들려지게 하소서
진리의 말씀으로 영영한 희락이 되게 하소서

주님
저는 다리를 세워 주소서
기뻐 뛸 일 없는 인생이오니
슬픔과 탄식이 사라지게 하시고
주님으로 인해 사슴같이 뛰어 오르게 하소서

주님
말 못하는 혀를 풀어 주소서
성령께서 나를 점령하시사
감사에 인색하고 기도에 게으름을 고쳐주옵시고
여호와의 속량함을 날마다 노래하게 하소서

주님
축복의 땅이 펼쳐지게 하소서
광야에서 물이 솟게 하시고 마르지 않는 샘이 되게 하소서
오직 생수의 근원이신 주님으로만 채워지게 하소서

주님
영적 대로가 열려지게 하소서
비록 그 짐이 무겁다 하여도
삶의 십자가를 지고 주님만을 따르게 하소서
영문 밖의 길 , 성결의 길을 따라
기업 무를자의 길을 걸어가게 하시고
결코 그 길을 잃지 않게 하옵소서

24

본문: 사35:5-10

그 때에 맹인의 눈이 밝을 것이며 못 듣는 사람의 귀가 열릴 것이며 /그 때에 저는 자는 사슴 같이 뛸 것이며 말 못하는 자의 혀는 노래하리니 이는 광야에서 물이 솟겠고 사막에서 시내가 흐를 것임이라/ 뜨거운 사막이 변하여 못이 될 것이며 메마른 땅이 변하여 원천이 될 것이며 승냥이의 눕던 곳에 풀과 갈대와 부들이 날 것이며/ 거기에 대로가 있어 그 길을 거룩한 길이라 일컫는바 되리니 깨끗하지 못한 자는 지나가지 못하겠고 오직 구속함을 입은 자들을 위하여 있게 될 것이라 우매한 행인은 그 길로 다니지 못할 것이며/ 거기에는 사자가 없고 사나운 짐승이 그리로 올라가지 아니하므로 그것을 만나지 못하겠고 오직 구속함을 받은 자만 그리로 행할 것이며/ 여호와의 속량함을 받은자들이 돌아오되 노래하며 시온에 이르러 그들의 머리 위에 영영한 희락을 띠고 기쁨과 즐거움을 얻으리니 슬픔과 탄식이 사라지리로다

우리 인생은

삼라만상에 꽃을 피우시는 은총으로
우리 삶에 보랏빛 평안을 피워주시니 감사
내 입술의 말과 작은 손놀림이
아름다운 유언으로 기억되길 바라는 고요한 아침.

내 삶의 뒤안길에
세상에 기댐 없이 인생에 치심치도 아니하여
오로지 벽을 향하여 주님의 응답으로만 살아가기를..

주님 정하신 가장 좋은 때를 기다리며
염려와 근심을 돌이켜 세우고
다만 '여호와께 구하오니' 그 진실 하나로 살아가길 원함이라

어떤 상황에도
주님의 십자가를 굳게 붙들고
결코 흔들림이 없으리니
이는 주께서 내 기도를 들으시고 내 눈물을 보시기 때문이라

덤으로 사는 인생길

주께서 나의 성을 보호하시고 울타리를 올려 덮으시사

아픔도 가난도 작은 풍랑도 엿보지 못하게 하시나니

나를 살리시려 해 그림자도 물러가게 하시는

은혜의 동산이요 축복의 에덴이라

25

본문: 사38:1-8

그 때에 히스기야가 병들어 죽게 되니 아모스의 아들 선지자 이사야가 나아가 그에게 이르되 여호와께서 이같이 말씀하시기를 너는 네 집에 유언하라 네가 죽고 살지 못하리라 하셨나이다 하니/ 히스기야가 얼굴을 벽으로 향하고 여호와께 기도하여 / 이르되 여호와여 구하오니 내가 주 앞에서 진실과 전심으로 행하며 주의 목전에서 선하게 행한 것을 기억하옵소서 하고 히스기야가 심히 통곡하니/이에 여호와의 말씀이 이사야에게 임하여 이르시되/ 너는 가서 히스기야에게 이르기를 네 조상 다윗의 하나님 여호와께서 이같이 말씀하시기를 내가 네 기도를 들었고 네 눈물을 보았노라 내가 네 수한에 십 오년을 더하고/ 너와 이 성을 앗수르 왕의 손에서 건져내겠고 내가 또 이 성을 보호하리라/ 이는 여호와께로 말미암는 너를 위한 징조이니 곧 여호와께서 하신 말씀을 그가 이루신다는 증거이니라/ 보라 아하스의 해시계에 아나아갔던 해 그림자를 뒤로 십 도를 물러가게 하리라 하셨다 하라 하시더니 이에 해시계에 나아갔던 해의 그림자가 십 도를 물러가니라

그리운 성전

인생의 중년
내가 살만할 때에
앗수르의 침공에서 벗어나
내 삶의 풍파가 고요한 때에
내가 스올의 문에 들어가게 되었나니
내가 다시 성전에 올라갈 수 있을까
악기의 울음을 다시 들을 수 있을까
찬양 소리를 내가 다시 들을 수 있을까

나는 제비같이, 학 같이 지저귀며
비둘기 같이 슬피 우나니
원컨대 나를 치료하시고 나를 살려 주옵소서

내 주님의 또 하나의 사랑은
고통의 그 병앓이를 통해 내게 큰 평안을 주시나니
내 모든 죄를 주의 등 뒤로 던지시고
주홍빛 내 울음을 중보해 주시사
내 눈에서 그 눈물을 씻기어 주시었네

주께서 한 뭉치 무화과를 내 종처에 바르시나니

이는 십자가에서 흐르는 보혈의 약이라

이후로 내 영혼의 상처가 나음을 입으리니

내가 종신토록 여호와의 전을 사모하며

내 사랑 노래를 종신토록 주님 앞에 드리리이다

유다 왕 히스기야가 병들었다가 그의 병이 나은 때에 기록한 글이 이러하니라/ 내가 말하기를 나의 중년에 스올의 문에 들어가고 나의 여생을 빼앗기게 되리라 하였도다/ 내가 또 말하기를 내가 다시는 여호와를 뵈옵지 못하리니 산 자의 땅에서 다시는 여호와를 뵈옵지 못하겠고 내가 세상의 거민 중에서 한 사람도 다시는 보지 못하리라 하였도다/ 나의 거처는 목자의 장막을 걷음 같이 나를 떠나 옮겨졌고 직공이 베를 걷어 말음 같이 내가 내 생명을 말았도다 주께서 나를 틀에서 끊으시리니 조석간에 나를 끝내시리라/ 내가 아침까지 견디었사오나 주께서 사자 같이 나의 모든 뼈를 꺾으시오니 조석간에 나를 끝내시리라/ 나는 제비 같이, 학 같이 지저귀며 비둘기 같이 슬피 울며 내 눈이 쇠하도록 앙망하나이다 여호와여 내가 압제를 받사오니 나의 중보가 되옵소서/ 주께서 내게 말씀하시고 또 친히 이루셨사오니 내가 무슨 말씀을 하오리이까 내 영혼의 고통으로 말미암아 내가 종신토록 방황하리이다/ 주여 사람이 사는 것이 이에 있고 내 심령의 생명도 온전히 거기에 있사오니 원하건대 나를 치료하시며 나를 살려 주옵소서 / 보옵소서 내게 큰 고통을 더하신 것은 내게 평안을 주려하심이라 주께서 내 영혼을 사랑하사 멸망의 구덩이에서 건지셨고 내 모든 죄를 주의 등 뒤에 던지셨나이다/ 스올이 주께 감사하지 못하며 사망이 주를 찬양하지 못하며 구덩이에 들어간 자가 주의 신실을 바라지 못하되/ 오직 산 자 곧 산 자는 오늘 내가 하는 것과 같이 주께 감사하며 주의 신실을 아버지가 그의 자녀에게 알게 하리이다/ 여호와께서 나를 구원하시리니 우리가 종신토록 여호와의 전에서 수금으로 나의 노래를 노래하리로다/ 이사야가 이르기를 한 뭉치 무화과를 가져다가 종처에 붙이면 왕이 나으리라 하였고/ 히스기야도 말하기를 내가 여호와의 전에 올라갈 징조가 무엇이냐 하였더라

허망한 손가락을 펴
남을 정죄하는 너는 누구인가
하나님의 영광을 바다에 침몰시킨
낡은 십자가를 지시고 어둔 바다에 침몰된
주님의 영광의 슬픔은
다 너희의 죄로 인함임을 진정 모르는가

너희는 광야에서 여호와의 길을 예비하라
힘겹고 어려운 인생의 땅, 광야에서
이제 십자가의 길을 예비하라
네 그릇된 지름길을 포기하고
말씀에 부딪치는 네 모든 것을 내려 놓으라
네 절망의, 사막의 길에서 하나님의 길을 예비하라

네 불평의 돌들을 치우라
네 이기적인 생각들과 탐욕을 던지고 그저 감사하라
어떤 상황에도 하나님을 신뢰하라
사막에서 광야에서 주님과 동행하나니

네가 친히 하나님을 뵈오리라
여호와의 영광이 피어나리라

마침내
너의 골짜기가 돋우어지나니
너는 스스로를 존귀한자라 노래할 것이며
고난으로 얼룩진 열등감의 옷을 벗어 던지리라
산자여!
이제 네 언덕을 낮추어라
겸손으로 허리를 낮춘 그 자리에서
험한 곳이 곧 평지가 됨을 네가 목도하리니
네 고난의 광야가 비로소 기름진 옥토가 될지니라

27

본문: 사40:1-5

너희의 하나님이 이르시되 너희는 위로하라 내 백성을 위로하라/ 너희는 예루살렘의 마음에 닿도록 말하며 그것에게 외치라 그 노역의 때가 끝났고 그 죄악이 사함을 받았느니라 그의 모든 죄로 말미암아 여호와의 손에서 벌을 배나 받았느니라 할지니라 하시니라/ 외치는 자의소리여 이르되 너희는 광야에서 여호와의 길을 예비하라 사막에서 우리 하나님의 대로를 평탄하게 하라/ 골짜기 마다 돋우어지며 산마다, 언덕마다 낮아지며 고르지 아니한 곳이 평탄하게 되며 험한 곳이 평지가 될 것이요/ 여호와의 영광이 나타나고 모든 육체가 그것을 함께 보리라 이는 여호와의 입이 말씀하셨느니라

인생이 본디 풀이요 꽃이니
그 결국은 마르고 시듦을 알지 못하는가
세상 어디에 완전한 자가 있으며
인생 그 어디에 온전한 자가 있으랴
오직 영원히 서신 것은 주님의 말씀 뿐이니
너는 그 말씀의 정원에 심기워진 꽃이니라

너는 이제 복음의 꽃이요 영광의 꽃이니
믿음의 뿌리를 견고하게 하라
양심의 뿌리를 깊게 내리라
네 비록 풀이요 꽃이나
선한 이웃이요, 행복을 주는 생명의 꽃이니
십자가의 은총으로 높은 신앙에 고지에 오르라

아름다운 소식을 예루살렘에 전하는 자여
너는 두려워 말라 힘써 소리를 높이라
주님의 권능과 영광이 네게 부어지나니

네 가난과 연약함이 부하고 강하리라
네 아픔을 정녕 평강으로 인도하시리니
그 품안에서 영생의 꽃이 만발하리라

28

본문: 사40:6-11

말하는 자의 소리여 이르되 외치라 대답하되 내가 무엇이라 외치
리이까 하니 이르되 모든 육체는 풀이요 그의 모든 아름다움은
풀의 꽃과 같으니/ 풀은 마르고 꽃은 시듦은 여호와의 기운이 그
위에 붊이라 이 백성은 실로 풀이로다/ 풀은 마르고 꽃은 시드나
우리 하나님의 말씀은 영원히 서리라 하라/ 아름다운 소식을 시
온에 전하는 자여 너는 힘써 소리를 높이라 두려워하지 말고 소
리를 높여 유다의 성읍들에게 이르기를 너희의 하나님을 보라 하
라/ 보라 주 여호와께서 장차 강한자로 임하실 것이요 친히 그의
팔로 다스리실 것이라 보라 상급이 그에게 있고 보응이 그의 앞
에 있으며 / 그는 목자 같이 양 떼를 먹이시며 어린 양을 그 팔로
모아 품에 안으시며 젖먹이는 암컷들을 온순히 인도하시리로다

야곱이라 불리는 하나님의 백성이여
이스라엘이라 일컬어지는 너 하나님의 자녀여
네 길이 여호와께 숨겨졌노라고 나팔을 부는 자여
네 송사가 하나님께서 벗어났노라고 불평을 외치는 자여

너는 알지 못하느냐
너는 하나님을 가까이 사랑하는 자인가
너는 하나님을 두려운 아버지로 여기는 자인가
여호와를 사랑하라 그의 품에 가까이 안기라
이제 비로소 네 영적무지가 열리나니
너를 위기에서 건지시고
네 모든 억울함을 회복으로 창조하시리라

영원하신 하나님
전에도 너를 사랑하셨고 이제도 너를 사랑하시나니
너는 오로지 주님을 앙모하라
내일의 길도 만드시고 형통케 하시리라

너는 위로부터 내리는 평강을 대망하라
어두운 밤을 넘어 하나님의 희망을 바라보라
상처로 굳어 곤비한 네 마음의 살갗에도
이제 하나님의 힘이 움트나니
네가 이후로는 싹이 나는 인생이 될 것임이라

이제 독수리같이 날개짓을 시작하라
기도로 믿음으로 날개를 들썩이라
하나님이 주신 힘으로 이제 날아라
더 높이, 더 멀리
너는 진정 주님이 기뻐하시는 자가 될 것이니라

29

본문: 사40:27-31

야곱아 어찌하여 네가 말하며 이스라엘아 네가 이르기를 내 길은 여호와께 숨겨졌으며 내 송사는 내 하나님에게서 벗어난다 하느냐/ 너는 알지 못하였느냐 듣지 못하였느냐 영원하신 하나님 여호와, 땅 끝까지 창조하신 이는 피곤하지 않으시며 곤비하지 않으시며 명철이 한이 없으시며 / 피곤한 자에게는 능력을 주시며 무능한 자에게는 힘을 더하시나니/ 소년이라도 피곤하며 곤비하며 장정이라고 넘어지며 쓰러지되 / 오직 여호와를 앙망하는 자는 새 힘을 얻으리니 독수리가 날개치며 올라감 같을 것이요 달음박질하여도 곤비하지 아니하겠고 걸어가도 피곤하지 아니하리로다

오직 한 친구

'친구를 위하여 목숨을 버리면
이에 더 큰 사랑이 없나니'

그는 내게 생명입니다
나를 건지시고 살리시고
다함없는 목숨을 내어 주신분입니다

평생 흔들리지 않는 사랑으로
허물 많은 내 이야기를 들어주시고
초라하기 그지없는 내 인생을
십자가에 못 박히신 그 손으로 붙들어주시고
두려워하지 말라, 놀라지도 말라
내가 너를 굳세게 하리라
너의 전능자, 너의 창조자가 되리라
날마다 그렇게 손가락을 걸어 주십니다

하나님의 군대로 나를 에워싸시고
내가 너를 도와주리라
사탄이 엿보지도 못하리라

너와 싸우던 자들이 아무것도 아닌 것 같이
허무한 것같이 사라지리라
나의 의로운 오른손으로 너를 붙들리라

오로지 단 하나의 친구
그의 피로
측량할 수 없는 값으로 나를 사셨기에
나를 그의 친구로, 백성으로, 가족으로,
자녀로,
그렇게 후회 없는 사랑으로 나를 기뻐 하시는 주님.

30

본문: 사41:8-14

그러나 나의 종 너 이스라엘아 내가 택한 야곱아 나의 벗 아브라함
의 자손아/ 내가 땅 끝에서부터 너를 붙들며 땅 모퉁이에서부터 너
를 부르고 네게 이르기를 너는 나의 종이라 내가 너를 택하고 싫어
하여 버리지 아니하였다 하였노라/ 두려워하지 말라 내가 너와 함
께 함이라 놀라지 말라 나는 네 하나님이 됨이라 내가 너를 굳세게
하리라 참으로 너를 도와 주리라/ 보라 네게 노하던 자들이 수치
와 욕을 당할 것이요 너와 다투는 자들이 아무것도 아닌 것 같이 될
것이며 멸망할 것이라 참으로 나의 의로운 오른손으로 너를 붙들리
라/ 네가 찾아도 너와 싸우던 자들을 만나지 못할 것이요 너를 치
는 자들은 아무것도 아닌 것 같고 허무한 것 같이 되리니/ 이는 나
여호와 너의 하나님이 네 오른손을 붙들고 네게 이르기를 두려워하
지 말라 내가 너를 도우리라 할 것임이니라/ 버러지 같은 너 야곱
아, 너희 이스라엘 사람들아 두려워하지 말라 나 여호와가 말하노
니 내가 이스라엘의 거룩한 이이니라34

큰 숲을 이루심이라

우리는 본디 헐벗은 산이요
마른 땅이요, 광야라
마시울 샘이 없어 혀가 마른 인생들임일진대…

거기
응답하시는 주
이스라엘의 하나님 우리 아버지는
광야 가운데 못이 되시고
샘의 근원이 되사
나무를 심으시고 큰 숲을 이루심이라

곧고 높게 자라 백향목이라
그는 향기로운 나무요, 단단한 지라
일편단심의 큰 믿음이 시험을 이기는 자라
성전에 기둥같이 쓰임을 받는 자니
결코 좀이 뚫지 못하리라

나뭇결이 찬란하니 싯딤 나무라

가시가 만발하고 시원치 못하였고..
그러나
물이 없어도 잘 자라니
아픔역사를 믿음으로 이겨내고
마침내
조각목이 되어 법궤가 되었나니
하나님의 성전에 성물이 됨이니라

꽃과 잎이 향기로워 화석류라
가시가 없으니 감사향기 뿐이라
그는 불멸과 영생을 나타내니 성공나무요
깨어
진정 하나님의 일을 하는 자요
나라와 이웃을 섬기니 선린나무라

그저 들감람나무 일진대
십자가로 이루어낸 크나큰 사랑
예수 그리스도로 접붙임 되사
참감람 나무라 여겨주시는 핏빛 사랑

노아의 방주가 되니 잣나무라
그는 주님 앞에서 구원의 방주가 되나니
땅위의 역사 중 가장 큰일이라

그가 전도자의 사명을 감당하리라

사시 사철 푸르르니 소나무 인지라
그는 흔들리지 않는 자요 변개치 않음이라
더위도 참아내고 언 몸도 이겨내니
주님 앞에 충성된 자요
하나님의 교회를 세워갈 자임이라

도장을 만드나니 황양목이라
그는 아픈 상처를 싸매는 자요
지팡이로 갈 길을 인도하는 자니
할렐루야 주님의 언약 도장이 되어
이 땅 에선 축복이요
그 나라의 상급이라
변치 않는 주의 사랑 그 언약을 이루시나니
큰 숲을 이룰 자라
여호와의 은총이 메아리로 울려 지리라

가련하고 가난한 자가 물을 구하되 둘이 없어서 갈증으로 그들의 혀가 마를 때에 나 여호와가 그들에게 응답하겠고 나 이스라엘의 하나님이 그들을 버리지 아니할 것이라/ 내가 헐벗은 산에 강을 내며 골짜기 가운데에 샘이 나게 하며 광야가 못이 되게 하며 마른 땅이 샘 근원이 되게 할 것이며/ 내가 광야에는 백향목과 싯딤 나무와 화석류와 들감람나무를 심고 사막에는 잣나무와 소나무와 황양목을 함께 두리니 / 무리가 보고 여호와의 손이 지으신 바요 이스라엘의 거룩한 이가 이것을 창조하신 바인 줄 알며 함께 헤아리며 깨달으리라

그리스도시라

그리스도, 나의 주님
그는 순종이시라
하나님의 마음에 기뻐하심을 입은
희생과 섬김의 양이시라

그는 스스로 사람이 되시사
십자가 핏빛 사랑으로
병든 자의 모자를 대신 쓰시고
내 헐벗은 영혼, 모진 상처를 어루만지시니
긍휼과 용서요,
상처 입은 치유자시라

추호도 목소리를 높이지 않으시고
허리 잘린 상한 갈대도 용납 하사
일으켜 세우시고 회복케 하시나니
마침내 귀한 일군으로 사용하시는 사랑
꺼져가는 등불도 다시 살리심이라

하늘과 하늘들의 하늘을 창조하여 펼치시고

그의 백성들이 쉴 수 있는 거처

그 뜻대로 교회를 세우셨나니

교회를 교회되게 하시는 은총으로

땅과 소산과 거기 호흡을 주시고

행복하라, 감사하라, 기뻐하라 하심이라

이제 나의 빈손을 휘감아 잡아 주셨나니

나를 보호하시고 안전하게 세우시사

사탄이 넘보지도 훔쳐가지도 못하리라

그리스도, 나의 주님으로 인하여

그의 언약을 이루시고

마침내 이방의 빛이 되게 하심이라

내가 붙드는 나의 종, 내 마음에 기뻐하는 자 곧 내가 택한 사람을 보라 내가 나의 영을 그에게 주었은즉 그가 이방에 정의를 베풀리라/ 그는 외치지 아니하며 목소리를 높이지 아니하며 그 소리를 거리에 들리게 하지 아니하며 / 상한 갈대를 꺾지 아니하며 꺼져가는 등불을 끄지 아니하고 진실로 정의를 시행할 것이며/ 그는 쇠하지 아니하며 낙담하지 아니하고 세상에 정의를 세우기에 이르리니 섬들이 그 교훈을 앙망하리라/ 하늘을 창조하여 펴시고 땅과 그 소산을 내시며 땅 위의 백성에게 호흡을 주시며 땅에 행하는 자에게 영을 주시는 하나님 여호와께서 이같이 말씀하시되/ 나 여호와가 의로 너를 불렀은즉 내가 네 손을 잡아 너를 보호하며 너를 세워 백성의 언약과 이방의 빛이 되게 하리니

새 역사를 기대하라

천지 분간을 잃은 어리석은 시간
우린 죄로 가려진 눈먼 자였고
갇힌 감옥 흑암에 앉은 자였네
그저 잠시후를 알 수없는 항해자요
죄악의 깊은 바다에 빠진 자였네
정처 없이 떠도는 나그네 광야의 사람이요
그 영혼이 게달의 작은 자라

그 날에,
연약하고 병든 심령에 자유를 선포하시고
깊이를 알 수도 없는 수렁에서 건져내시고
비로소 우리의 눈을 밝혀
주님의 용서와 은총, 능력을 보게 하시니
곧 영원한 자유요, 영원한 평화시라

스스로 계신 자가 우리의 아버지요, 사랑이시니
우릴 생명이라 부르시고 찬송이라 하시네
새 일을 기대하라, 새 역사를 꿈꾸라

너의 메마른 고목에서 한 싹이 돋아나리니

침륜에 빠진 자여 네 소리를 높이라

교만한 자여 네 소리를 낮추라

오직 찬송으로 네 소리를 높일지라

하늘의 천군 천사

용사같이, 전사같이 대신 싸워 주나니

셀라의 주민들아 즐거이 노래하라

마침내 너희가 자유의 노래, 승리의 노래

새 노래를 부르리라!!

33

본문: 사42:7-13

네가 눈먼 자들의 눈을 밝히며 갇힌 자를 감옥에서 이끌어 내며
흑암에 앉은 자를 감방에서 나오게 하리라/ 나는 여호와이니 이
는 내 이름이라 나는 내 영광을 다른 자에게, 내 찬송을 우상에
게 주지 아니하리라/보라 전에 예언한 일이 이미 이루어졌느니라
이제 내가 새 일을 알리노라 그 일이 시작되기 전에라도 너희에
게 이르노라/ 항해하는 자들과 바다 가운데의 만물과 섬들과 거
기에 사는 사람들아 여호와께 새 노래로 노래하며 땅 끝에서부
터 찬송하라/ 광야와 거기에 있는 성읍들과 게달 사람이 사는 마
을들은 소리를 높이라 셀라의 주민들은 노래하며 산 꼭대기에서
즐거이 부르라/여호와께 영광을 돌리며 섬들 중에서 그의 찬송을
전할지어다/ 여호와께서 용사 같이 나가시며 전사 같이 분발하
여 외쳐 크게 부르시며 그 대적을 크게 치시리로다

야곱의 노래

나는 본질상 진노의 자식이요, 속이는 자라
내가 죄인중의 괴수이니
주님께 나는 그저 슬픈 사랑이요
한이 없는 아픈 사랑이었음이라

찢긴 상처로 십자가 승리를 이루시고
오직 義로 거듭나게 하시오니
나는 이스라엘이라 불림이라

내가 쫓기던 자요 잃어버린 자 되었으나
구속의 은총으로 이제 나는
기업을 무를자라 하시오니…

'내가 너를 지명하여 불렀나니'
나는 주님의 후회 없는 사랑이 된지라
물 가운데로 불 가운데로
고난의 강에서 성결함을 주시고
쭉정이를 제하사 정결함을 입었나니

이후로는 주님 곡간의 알곡 되게 하심이라

주님의 영광을 위해 창조된 자
북쪽도 내어 놓으라, 남쪽도 내어 놓으라 하시고
애굽을 속량물로 던지시사 나를 구속하시오니
나는 야곱이 아니요 이제 이스라엘이라
나는 하나님 나라를 확장하는 자요
보배롭고 존귀한 자라시니
나는 곧
하나님의 거룩한 초대에 응할 자 임이라

야곱아 너를 창조하신 여호와께서 지금 말씀하시느니라 이스라엘아 너를 지으신 이가 말씀하시느니라 너는 두려워하지 말라 내가 너를 구속하였고 내가 너를 지명하여 불렀나니 너는 내 것이라/ 네가 물 가운데로 지날 때에 내가 너와 함께 할 것이라 강을 건널 때에 물이 너를 침몰하지 못할 것이며 네가 불 가운데로 지날 때에 타지도 아니할 것이요 불꽃이 너를 사르지도 못하리니/ 대저 나는 여호와 네 하나님이요 이스라엘의 거룩한 이요 네 구원자임이라 내가 애굽을 너의 속량물로, 구스와 스바를 너를 대신하여 주었노라/ 네가 내 눈에 보배롭고 존귀하며 내가 너를 사랑하였은즉 내가 네 대신 사람들을 내어 주며 백성들이 네 생명을 대신하리니/ 두려워하지 말라 내가 너와 함께 하여 네 자손을 동쪽에서부터 오게 하며 서쪽에서부터 너를 모을 것이며/ 내가 북쪽에게 이르기를 내놓으라 남쪽에게 이르기를 가두어 두지 말라 내 아들들을 먼 곳에서 이끌며 내 딸들을 땅 끝에서 오게 하며/ 내 이름으로 불려지는 모든 자 곧 내가 내 영광을 위하여 창조한 자를 오게 하라 그를 내가 지었고 그를 내가 만들었느니라

이들 증언하라

나의 종, 나의 사랑하는 증인들은 들으라
들을 귀가 있는 자여
보는 눈이 있는 나의 증인들아 외치라

태초로부터 나는 그이니
너는 내 것이라!
내가 애굽 으로부터 너를 인도하여 냈나니
믿음이 적은자여 추호도 의심하지 말라

나는 곧 여호와니라
나 외에는 다른 신이 없으며, 구원자가 없나니
이를 증언하라 외치라

눈이 있어도 보지 못하고
귀가 있어도 듣지 못하니니
너는 내 백성을 이끌어 낼지어다
힘써 이끌지라

오직 나 여호와

이 손에 붙잡힘 바 됨이 살길이니

모든 악이 손대지 못할 지라

모든 더러운 것이 손대지 못할 지라

이를 증언하라

네가 이를 증언하라!

35

본문: 사 43:8-13

눈이 있어도 보지 못하고 귀가 있어도 듣지 못하는 백성을 이끌어 내라/ 열방은 모였으며 민족들이 회집하였는데 그들 중에 누가 이 일을 알려 주며 이전 일들을 우리에게 들려 주겠느냐 그들이 그들의 증인을 세워서 자기들의 옳음을 나타내고 듣는 자들이 옳다고 말하게 하여 보라/ 나 여호와가 말하노라 너희는 나의 증인, 나의 종으로 택함을 입었나니 이는 너희가 나를 알고 믿으며 내가 그인 줄 깨닫게 하려 함이라 나의 전에 지음을 받은 신이 없었느니라 나의 후에도 없으리라 나 곧 나는 여호와라 나 외에 구원자가 없느니라/ 내가 알려 주었으며 구원하였으며 보였고 너희 중에 다른 신이 없었나니 그러므로 너희는 나의 증인이요 나는 하나님이니라 여호와의 말씀이니라/ 과연 태초로부터 나는 그이니 내 손에서 건질 자가 없도다 내가 행하리니 누가 막으리요

나는 본디 바벨론의 포로요
연약하고 피폐한 인생이라
본질상 진노의 자녀요 불량자인지라

그곳 사람의 악함이
나를 억누르고 고통을 덧 씌워
환란과 시험의 물결이 홍해처럼 감쌀 때
새 일을 행하시는 여호와의 능력으로
한 사람, 예수 그리스도 그를 보내 주사
친히 나를 건지시고 자유케 하시고
그 판세를 뒤엎어 주시니
갈대아 사람을 내어 쫓아 주심이라

주께서 거기 거룩한 물길을 내사
큰 파도 폭풍 가운데 길을 내시고
사탄의 등불에 기름을 공급치 아니하시니
그 모든 악이 꺼져가는 등불처럼 소멸되리라

이스라엘의 창조자, 나의 왕 되시오니

이전 일을 버리고 돌아보지 않으리라

나는 이제 낙오자가 아니요 , 승리자라

내 삶을 하나님이 친히 덮으시니

찬송과 영광을 받으시고

반드시 광야에 길을, 사막에 강을 내사

나를 통해 새 일을 행하시리라

36

본문: 사43:14-21

너희의 구속자요 이스라엘의 거룩한 이 여호와가 말하노라 너희를 위하여 내가 바벨론에 사람을 보내어 모든 갈대아 사람에게 자기들이 연락하던 배를 타고 도망하여 내려가게 하리라/ 나는 여호와 너희의 거룩한 이요 이스라엘의 창조자요 너희의 왕이니라/ 나 여호와가 이같이 말하노라 바다 가운데에 길을, 큰물 가운데에 지름길을 내고/ 병거와 말과 군대의 용사를 이끌어 내어 그들이 일시에 엎드려져 일어나지 못하고 소멸하기를 꺼져가는 등불 같게 하였느니라/ 너희는 이전 일을 기억하지 말며 옛날 일을 생각하지 말라/ 보라 내가 새 일을 행하리니 이제 나타낼 것이라 너희가 그것을 알지 못하겠느냐 반드시 내가 광야에 길을 사막에 강을 내리니/ 장차 들짐승 곧 승냥이와 타조도 나를 존경할 것은 내가 광야에 물을, 사막에 강들을 내어 내 백성, 내가 택한 자에게 마시게 할 것임이라/ 이 백성은 내가 나를 위하여 지었나니 나를 찬송하게 하려 함이니라

복은 복이 주리라

나의 종 야곱아
긴 세월 모진 상처와 헐벗은 가난을 입고
너는 참예배자가 되었노라
약한 자의 기도와 그 마음을 열납 하시는 은총으로
너를 안으시고 용납하심이라

나의 택한 이스라엘아
만세전부터, 모태에 자리하기 전부터
그 깊이를 알 수 없는 사랑으로 너를 택하셨나니
진흙과 같은 너를,
환란과 아픔과 할퀴어진 상처로
이제 깨어진 질그릇 같은 너를
주께서 에워싸시고 안전케 하시사
온전한 그릇으로 살아가게 하시니라

내가 택한 여수룬아
내가 가장 사랑하는 자야
이후로는 네가 평탄하리라

야곱으로 살던 고생도 내려놓고
이스라엘로 살던 얍복강 싸움도 내려놓고
너는 이제로부터 평탄하리라
진정 옳은 자가 되리라

나의 영을 네 자손에게
나의 복을 네 후손에게 부으리니
목마른 자에게 구원의 물, 은혜의 물을 부으리라
너희 자손들이 시냇가 버들처럼 순종의 자녀가 되리니
그 몸에 하나님의 말씀을 새기고
그 마음에 할례 받아
진정 그리스도의 흔적이 되리니
빛의 자녀요,
존귀히 여김을 받으리라

나의 종 야곱, 내가 택한 이스라엘아 이제 들으라/ 너를 만들고
너를 모태에서부터 지어 낸 너를 도와 줄 여호와가 이같이 말하
노라 나의 종 야곱, 내가 택한 여수룬아 두려워하지 말라/ 나는
목마른 자에게 물을 주며 마른 땅에 시내가 흐르게 하며 나의 영
을 네 자손에게, 나의 복을 네 후손에게 부어 주리니/ 그들이 풀
가운데에서 솟아나기를 시냇가의 버들 같이 할 것이라/ 한 사람
은 이르기를 나는 여호와께 속하였다 할 것이며 또 한 사람은 야
곱의 이름으로 자기를 부를 것이며 또 다른 사람은 자기가 여호
와께 속하였음을 그의 손으로 기록하고 이스라엘의 이름으로 존
귀히 여김을 받으리라/ 이스라엘의 왕인 여호와, 이스라엘의 구
원자인 만군의 여호와가 이같이 말하노라 나는 처음이요 나는
마지막이라 나 외에 다른 신이 없느니라

나의 종,
나의 사랑하는 자야
호리라도 잊을 수 없는
내 마음에 깊이 새겨진 어여쁜 자야

나의 핏빛 생명을 내어주고 거두어 들인
나의 생명이요, 나의 가치인 자야
내 너와의 그 사랑의 추억을 어찌 있으랴
내 앞에 엎드려 수없이 울던
네 눈물을 내 병에 담았노라

너의 연약함을 인해 울라
네 자녀를 위해 울라
사랑하는 자여,
저 예루살렘 주님의 집을 위해 울라
내가 세운 주의 종을 위해 울며
고아와 과부와 슬픈 자를 위해 울라

나의 종,

나의 사랑하는 자야

네 손으로 하던 그 사랑의 손길을

내 결코 잊지 않으리니

네 허물을 안개같이 걷어낼 것이며

빽빽한 구름같이 물러가게 하나니

다시는 사람의 일로 울 일이 없게 할 것이며

열조의 무덤에 장사되는 복을 얻으리니

내게로 돌아와 십자가와 부활의 영광을

네가 누리리라

그 영광을 높이 노래할 지어다

38

본문: 사44:21-23

야곱아 이스라엘아 이 일을 기억하라 너는 내 종이니라 내가 너를 지었나니 너는 내 종이니라 이스라엘아 너는 나에게 잊혀지지 아니하리라/ 내가 네 허물을 빽빽한 구름같이, 네 죄를 안개 같이 없이하였으니 너는 내게로 돌아오라 내가 너를 구속하였음이니라/ 여호와께서 이 일을 행하셨으니 하늘아 노래할지어다 땅의 깊은 곳들아 높이 부를지어다 산들아 숲과 그 가운데의 모든 나무들아 소리내어 노래할지어다 여호와께서 야곱을 구속하셨으니 이스라엘 중에 자기의 영광을 나타내실 것임이로다

여호와 하나님
그가 홀로 하늘을 펴시고 땅을 펼치심이니
그가 너의 앞길도 창조하심이라
너는 힘써 그 하늘과 땅의 경계를 알 지어다!
그 한계를 인정할 지어다!
오직 그 안에서 주님의 십자가 사랑이 드러남이니
비로서
네 땅에서 복음이 움이 트고
하나님의 꽃이 피고 열매를 맺음이요
풍성한 사랑의 나무가 되리라

진정 사람이 사는 교회가 되리라
예배가 예배되고, 말씀이 말씀다운 교회
그의 종의 말을 세우시고, 사자들의 계획을 성취하시나니
거기에 사람이,
진정 하나님의 선민이 회복되어 지리라
그가 네 삶의 새로운 도시를 건설하시나니
이는 희망이요, 축복의 도시니

말씀으로 세워진 축복의 도시요
은총의 도시가 기필코 중건되리라!

이제 70여년 억압된 깊음의 상처가 회복되리니
헤아릴 수 없는 그 심해의 근원이
‘예수의 이름으로’ 마를 것이라!

하나님의 백성들아 찬양할 지어다
너희의 예배가 회복되리니
곤한 삶의 황폐한 곳마다 복구가 이뤄지고
새로운 기초가 세워질 것임이요
하나님의 주권에 온전히 순종하니
네 인생에 실한 열매가 가득하리라

39

본문: 사44:24-28

네 구속자요 모태에서 너를 지은 나 여호와가 이같이 말하노라 나는 만물을 지은 여호와라 홀로 하늘을 폈으며 나와 함께 한 자 없이 땅을 펼쳤고/ 헛된 말을 하는 자들의 징표를 폐하며 점 치는 자들을 미치게 하며 지혜로운 자들을 물리쳐 그들의 지식을 어리석게 하며/ 그의 종의 말을 세워 주며 그의 사자들의 계획을 성취하게 하며 예루살렘에 대하여는 이르기를 거기에 사람이 살 리라 하며 유다 성읍들에 대하여는 중건된 것이라 내가 그 황폐 한 곳들을 복구시키리라 하며/ 깊음에 대하여는 이르기를 마르 라 내가 네 강물들을 마르게 하리라 하며/ 고레스에 대하여는 이 르기를 목자라 그가 나의 모든 기쁨을 송취하리라 하며 예루살 렘에 대하여는 이르기를 중건되리라 하며 성전에 대하여는 네 기 초가 놓여지리라 하는 자니라

대적이 문은 얻으리라

이방인의 왕 너 고레스여
너는 내 목자라 내 백성을 인도할 자니라
내가 너로 기름부음을 주었나니
내가 너의 오른손을 붙들리라
너는 열국을 행복하게 할 자며
왕들의 허리를 풀어 그 무장을 해체하리니
곧 전쟁이 아니요 평안이라

이제 네 앞장 서 험한 곳을 평탄케 하리니
완악한 자의 기를 꺾을 것이라
이제로 놋문을 부수고 쇠빗장을 꺾을 것이니
예수의 이름으로 네 모든 잠금장치가 풀어질지라
얽힌 관계의 문, 삶의 부흥의 문이 열려지리니
그 흑암 중에 숨긴 보물이 쏟아져
사탄이 빼앗아간 귀한 영혼들이,
그들이 진정 너의 최고의 전리품이 되어
구원의 승전가를 부를 것임이라

대적이 문은 얻으리라

너는 나의 존귀한 아들 이니라

너는 나의 어여쁜 딸 이니라

내가 빛도 짓고 어둠도 창조하고

평안도 짓고 환난도 창조하였나니

네 상처와 아픔이, 용서와 건강을 노래 할 것이며

네 환난과 슬픔이, 감사와 평안을 지을 것이니

이제 진정 네 어둠의 터널을 뚫고 나와

네 온 맘과 영혼이 뛰며 예배할지니

내가 받을 찬송, 존귀, 영광의 노래요

네가 영원히 부를 장엄미사가 됨 이니라

40

본문: 사45:1-7

여호와께서 그의 기름 부음을 받은 고레스에게 이같이 말씀하시되 내가 그의 오른손을 붙들고 그 앞에 열국을 항복하게 하며 내가 왕들의 허리를 풀어 그 앞에 문들을 열고 성문들이 닫히지 못하게 하리라/ 내가 너보다 앞서 가서 험한 것을 평탄하게 하며 놋문을 쳐서 부수며 쇠빗장을 꺾고/ 네게 흑암 중의 보화와 은밀한 곳에 숨은 재물을 주어 네 이름을 부르는 자가 나 여호와 이스라엘의 하나님인 줄을 네가 알게 하리라/ 내가 나의 종 야곱, 내가 택한 자 이스라엘 곧 너를 위하여 네 이름을 불러 너는 나를 알지 못하였을지라도 네게 칭호를 주었노라/ 나는 여호와라 나 외에 다른 이가 없나니 나 밖에 신이 없느니라 너는 나를 알지 못하였을지라도 나는 네 띠를 동일 것이요/ 해 뜨는 곳에서든지 지는 곳에서든지 나 밖에 다른 이가 없는 줄을 알게 하리라 나는 여호와라 다른 이가 없느니라/ 나는 빛도 짓고 어둠도 창조하며 나는 평안도 짓고 환난도 창조하나니 나는 여호와라 이 모든 일들을 행하는 자니라 하였노라

하나님의 공의는 예수 그리스도의 십자가요
그 섭리와 경륜과 뜻을 받아들임이라

메마르고 곤고한 영혼에
구름같이 성령으로 덮어 주시나니
때를 따라 도우시는 은혜의 부으심이라

구원받은 새 생명의 영혼에
싹 티우고 움이 돋게 하시나니
땅을 열으시는 창조의 은총이라

너희 모두는 토기장이의 걸작품이니
'나를 무엇에 쓰실거나?' 하지 말라
감사와 겸손으로 살며시 입을 열어
'어디에 쓰실건가요? 그 뜻대로 살기 원합니다' 하라

하나님의 공의로 너희를 일으키시니
잠자던 눈을 떠서 깨어나게 하시고

죽음일 수 밖에 없는 존재를 살리시사
왜곡되고 뒤틀린 길을 따르지 않게 하시고
좁은 길, 생명의 길, 십자가의 길을 가게 하심이라

이후로는 너희가 거룩한 성소가 되리니
고통, 불의, 강압이 없는 평화의 나라가 세워지리라
놓임 받은 백성으로 그 모든 죄에서 자유케 하시나니
이제 저 성읍으로 나아가 구원 받을 백성들을 불러들이라
하나님 나라를 융성케 하라
이는 너희를 지으신 깊고 깊은 연고니라

하늘이여 위로부터 공의를 뿌리며 구름이여 의를 부을지어다 땅
이여 열려서 구원을 싹트게 하고 공의도 함께 움돋게 할지어다
나 여호와가 이 일을 창조하였느니라/ 질그릇 조각 중 한 조각
같은 자가 자기를 지으신 이와 더불어 다툴진대 화 있을진저 진
흙이 토기장이에게 너는 무엇을 만드느냐 또는 네가 만든 것이
그는 손이 없다 말할 수 있겠느냐/ 아버지에게는 무엇을 낳았소
하고 묻고 어머니에게는 무엇을 낳으려고 해산의 수고를 하였
소 하고 묻는 자는 화 있을진저/ 이스라엘의 거룩하신 이 곧 이
스라엘을 지으신 여호와께서 이같이 이르시되 너희가 장래 일을
내게 물으며 또 내 아들들과 내 손으로 한 일에 관하여 내게 명령
하려느냐/ 내가 땅을 만들고 그 위에 사람을 창조하였으며 내가
내 손으로 하늘을 펴고 하늘의 모든 군대에게 명령하였노라/ 내
가 공의로 그를 일으킨지라 그의 모든 길을 곧게 하리니 그가 나
의 성읍을 건축할 것이며 사로잡힌 내 백성을 값이나 갚음이 없
이 놓으리라 만군의 여호와의 말이니라 하셨느니라

구원자 이스라엘의 하나님을 앙망하는
하나님의 백성들아
그대는 하나님 나라의 부흥을 꿈꾸는 자인가
위로부터 내리는 번영을 사모하는 자인가

스스로 숨어 계시는 하나님
그대에게 영원한 구원을 베푸시고
합력하여 선을 이루어 주시나니
부끄러움을 당하지 않게 하시며
욕을 당함을 면케 하시리라

하늘과 땅을 만드시고
너희가 살만한 세상을 만드시나니
거기는 요새요, 견고한 세상이라
너희의 삶의 무대가 결코 무너지지 않으리라

하나님은 혼돈한 세상을 만들지 아니하시나니

만드신 세상을 깨끗이 할지니라
결코 네 인생을 어지럽히지 말지니라

세상 어디에 정직한 사랑이 있으랴
너는 내 사랑하는 아들이라
너는 내 사랑하는 딸이니라
오직 하나님의 외침 뿐이니
이는 바로 하나님의 정직 이시니라

그대여 이제 너희는 모여오라
거룩한 집회에 모여 찬양하고 춤을 추라
오로지 하나님을 가까이 하라
주님의 사랑으로 충전 할지라
이제 너희가 나아가 살만한 세상,
하나님의 세상을 만들어 갈지니라

여호와께서 이같이 말씀하시되 애굽의 소득과 구스가 무역한 것과 스바의 장대한 남자들이 네게로 건너와서 네게 속할 것이요 그들이 너를 따를 것이라 사슬에 매여 건너와서 네게 굴복하고 간구하기를 하나님이 과연 네게 계시고 그 외에는 다른 하나님이 없다 하리라 하시니라/ 구원자 이스라엘의 하나님이여 진실로 주는 스스로 숨어 계시는 하나님이시니이다/ 우상을 만드는 자는 부끄러움을 당하며 욕을 받아 다 함께 수욕 중에 들어갈 것이로되/ 이스라엘은 여호와께 구원을 받아 영원히 부끄러움을 당하거나 욕을 받지 아니하리로다/ 대저 여호와께서 이같이 말씀하시되 하늘을 창조하신 이 그는 하나님이시니 그가 땅을 지으시고 그것을 만드셨으며 그것을 견고하게 하시되 혼돈하게 창조하지 아니하시고 사람이 거주하게 그것을 지으셨으니 나는 여호와라 나 외에 다른 이가 없느니라/ 나는 감추어진 곳과 캄캄한 땅에서 말하지 아니하였으며 야곱 자손에게 너희가 나를 혼돈 중에서 찾으라고 이르지 아니하였노라 나 여호와는 의를 말하고 정직한 것을 알리느니라/ 열방 중에서 피난한 자들아 너희는 모여 오라 함께 가까이 나아오라 나무 우상을 가지고 다니며 구원하지 못하는 신에게 기도하는 자들은 무지한 자들이니라/ 너희는 알리며 진술하고 또 함께 의논하여 보라 이 일을 옛부터 듣게 한 자가 누구냐 이전부터 그것을 알게 한 자가 누구냐 나 여호와가 아니냐 나 외에 다른 신이 없나니 나는 공의를 행하며 구원을 베푸는 하나님이라 나 외에 다른 이가 없느니라/ 땅의 모든 끝이여 내게로 돌이켜 구원을 받으라 나는 하나님이라 다른 이가 없느니라

PLANT
GREEN
PLANT

너는 정복가 되라

구부러진 자 '벨'을 아버지로 섬기는 자여
엎드러진 자 '느보'가 너희를 수호 하는가
어리석은 자의 주머니에서 금을 쏟아내며
은을 저울에 달아 도금장이에 주고
그를 신이라 섬기며 절하는 자여
너희는 하늘 아버지를 누구에게 빗대는가

그러나
이스라엘 집에 남은 자여
너희가 어미의 태에서부터 하나님의 품에 안기고
그 등에 업히었나니
홍해를 건너고 요단강도 건널지라도
네 인생 천하에 두려움이 없으리니
하나님은 너희의 양육자시라
네 꿈을 살피시고 네 인생을 양육하시나니
백발이 되기까지 그리할 것이라
너희에게 온 세상을 다 주심이라

너희는 옛적 일을 기억하라

하나님의 그 은혜를 기억 할지라

지치고 힘들 때에 더욱 그 사랑을 기억하며

너희는 힘써 장부가 되라

감사하고 기뻐하며 사랑하고 용서하라

너희는 신앙의 장부가 되고, 믿음의 장부가 되어라

아브라함의 축복이, 모세의 기적이

정녕 너희의 기적이 되리니

너희가 큰 파도를 능히 건너리라

43

　　벨은 엎드러졌고 느보는 구부러졌도다 그들의 우상들은 짐
승과 가축에게 실렸으니 너희가 떠메고 다니던 그것들이 피곤한
짐승의 무거운 짐이 되었도다/ 그들은 구부러졌고 그들은 일제
히 엎드러졌으므로 그 짐을 구하여 내지 못하고 지기들도 잡혀
갔느니라/ 야곱의 집이여 이스라엘 집에 남은 모든 자여 내게 들
을지어다 배에서 태어남으로부터 내게 안겼고 태에서 남으로부
터 내게 업힌 너희여/ 너희가 노년에 이르기까지 내가 그리하겠
고 백발이 되기까지 내가 너희를 품을 것이라 내가 지었은즉 내
가 업을 것이요 내가 품고 구하여 내리라/ 너희가 나를 누구에게
비기며 누구와 짝하며 누구와 비교하여 서로 같다 하겠느냐 /사
람들이 주머니에서 금을 쏟아내며 은을 저울에 달아 도금장이에
게 주고 그것으로 신을 만들게 하고 그것에게 엎드려 경배하며/
그것을 들어 어깨에 메어다가 그의 처소에 두면 그것이 서 있고
거기에서 능히 움직이지 못하며 그에게 부르짖어도 능히 응답하
지 못하며 고난에서 구하여 내지도 못하느니라/ 너희 패역한 자
들아 이 일을 기억하고 장부가 되라 이 일을 마음에 두라 / 너희
는 옛적 일을 기억하라 나는 하나님이라 나 외에 다른 이가 없느
니라 나는 하나님이라 나 같은 이가 없느니라

사망의 음침한 골짜기
슬픈 짐승의 울음처럼 묵은 상처로 울던 자여
그 수년의 세월, 바벨론의 포로 된 자여

이제 천상에서 들려오는 나팔소리를 들을 지라
뱀이 먹던 흙, 저주받은 땅에 내려앉은
'처녀 딸 바벨론'을 보라
그의 아리따운 관이 뒹굴어 수치가 되나니
맷돌을 가지고 가는 자가 됨 이니라

네 인생을 질긴 끈으로 붙잡던 자
'딸 갈대아'의 통치권이 이제 무너지리니
주께서 그를 잠잠케 하사 마침내 벙어리를 삼으심이라
하늘 천군 천사 거느리시고
네 아픔에서, 바벨론에서 너를 구출 하셨노라

아버지! 하나님 너의 아버지께서
지금, 오늘, 여기에서,
네게 완전한 해방을 선포하심이라

너는 하나님 나라의 백성이요
왕 되신 주께서 너를 친히 다스리시나니
이제 모든 아픔을 잊고 정녕 평안할 지어다!
오직 하늘 아버지로 인하여 노래하고 춤을 추라
그의 은혜를 깊은 심비(心碑)에 새길 지어다

44

본문: 사47: 1-9

처녀 딸 바벨론이여 내려와서 티끌에 앉으라 딸 갈대아여 보좌가 없어졌으니 땅에 앉으라 네가 다시는 곱고 아리땁다 일컬음을 받지 못할 것임이라/ 맷돌을 가지고 가루를 갈고 너울을 벗으며 치마를 걷어 다리를 드러내고 강을 건너라/ 네 속살이 드러나고 네 부끄러운 것이 보일 것이라 내가 보복하되 사람을 아끼지 아니하리라/ 우리의 구원자는 그의 이름이 만군의 여호와 이스라엘의 거룩한 이시니라/ 딸 갈대아여 잠잠히 앉으라 흑암으로 들어가라 네가 다시는 여러 왕국의 여주인이라 일컬음을 받지 못하리라/ 전에 내가 내 백성에게 노하여 내 기업을 욕되게 하여 그들을 네 손에 넘겨 주었거늘 네가 그들을 긍휼히 여기지 아니하고 늙은이에게 네 멍에를 심히 무겁게 메우며/ 말하기를 내가 영영히 여주인이 되리라 하고 이 일을 네 마음에 두지도 아니하며 그들의 종말도 생각하지 아니하였도다, 그러므로 사치하고 평안히 지내며 마음에 이르기를 나뿐이라 나 외에 다른 이가 없도다 나는 과부로 지내지도 아니하며 자녀를 잃어버리는 일도 모르리라 하는 자여 너는 이제 들을지어다/ 한 날에 갑자기 자녀를 잃으며 과부가 되는 이 두 가지 일이 네게 임할 것이라 네가 무수한 주술과 많은 주문을 빌릴지라도 이 일이 온전히 네게 임하리라

야곱의 집이여

하나님의 말씀을 듣는 믿음의 공동체여

너희는 마음으로 듣고 깊이 들을 지어다

하나님의 계획하신 '회복의 축복'을 사모할 지어다

너희는 예수 그리스도의 혈통이요

유다의 허리에서 나왔은즉

네 들음의 장애를 깨달을 지라

거짓 기념을 제하고 진실과 공의로 예배할 지어다

너희가 거룩한 성, 예루살렘의 백성임을 자랑하지 말라

네 목의 거만함이 은혜의 장애가 되며

네 이마는 놋이라

얼음 같은 네 냉담함이 은혜를 거스르나니

네 마음 밭의 수치와 부끄럼을 거둬내고

오직 수정 같은 맑은 얼굴로 말씀을 바라볼 지라

너희는 홍해의 기적을 생각 하는가

바벨론 포로, 그 놓임을 기억 하는가
이제 너희에게 새 일,
곧 은비의 일을 나타내시리니
옛적 일이 아니라, 여기 지금 창조된 것이요
네 가난과 병듦과 찢긴 상처로부터
너희에게 지금 베푸실 기적 이니라

45

본문: 사48:1-7

야곱의 집이여 이를 들을지어다 너희는 이스라엘의 이름으로 일
컬음을 받으며 유다의 허리에서 나왔으며 여호와의 이름으로 맹
세하며 이스라엘의 하나님을 기념하면서도 진실이 없고 공의가
없도다/ 그들은 거룩한 성 출신이라고 스스로 부르며 이스라엘
의 하나님을 의지한다 하며 그의 이름이 만군의 여호와라고 하
나/ 내가 예로부터 처음 일들을 알게 하였고 내 입에서 그것들이
나갔으며 또 내가 그것들을 듣게 하였고 내가 홀연히 행하여 그
일들이 이루어졌느니라/ 내가 알거니와 너는 완고하며 네 목은
쇠의 힘줄이요 네 이마는 놋이라/ 그러므로 내가 이 일을 예로부
터 네게 알게 하였고 일이 이루어지기 전에 그것을 네게 듣게 하
였느니라 그것을 네가 듣게 하여 네가 이것을 내 신이 행한 바요
내가 새긴 신상과 부어 만든 신상이 명령한 바라 말하지 못하게
하였느니라/ 네가 들었으니 이 모든 것을 보라 너희가 선전하지
아니하겠느냐 이제부터 내가 새 일 곧 네가 알지 못하던 은비한
일을 네게 듣게 하노니/ 이 일들은 지금 창조된 것이요 옛 것이 아
니라 오늘 이전에는 네가 듣지 못하였으니 이는 네가 말하기를
내가 이미 알았노라 하지 못하게 하려 함이라

만세 전에 택함을 입은 이스라엘아
너희는 들으라

이제 고난의 시험에서 너를 건져 내시리니
그의 영광을 위해 노하기를 더디 하였으며
길이 참고 멸절하지 않았음은
십자가의 크신 은총이요
너희 안에 생명의 씨가 있음을 아시기 때문이라

하나님의 인애를 바라보라
그에게 돌아올 기회를 주심을 감사하라
죄인 된 너희를 다시 살리시어
그의 영광에 참예하는 자 되게 하심이니
하나님의 기회에 네 무릎을 꿇으라

너희는 다 모여 들으라
그는 처음이시고 다시 오시사 너희의 최후 미래가 되시나니
그날에 온 우주만물이 복종함을 보리라

하나님께 가까이 나와 들으라

이제 네 안에 하나님의 빛이 임하리니

너희가 세상을 비추는 빛이요, 희망이 될 것임이라

힘으로도, 능으로도 안 되나 성령이 함께 하시면 이루시리라

바벨론 포로의 깊은 수렁에서

이제 너희에게 진정한 해방이 선포됨이니

이는 주의 영의 핏빛 사랑이시라

내 이름을 위하여 내가 노하기를 더디 할 것이며 내 영광을 위하여 내가 참고 너를 멸절하지 아니하리라/ 보라 내가 너를 연단하였으나 은처럼 하지 아니하고 너를 고난의 풀무 불에서 택하였노라/ 나는 나를 위하며 나를 위하여 이를 이룰 것이라 어찌 내 이름을 욕되게 하리요 내 영광을 다른 자에게 주지 아니하리라/ 야곱아 내가 부른 이스라엘아 내게 들으라 나는 그니 나는 처음이요 또 나는 마지막이라/ 과연 내 손이 땅의 기초를 정하였고 내 오른손이 하늘을 폈나니 내가 그들을 부르면 그것들이 일제히 서느니라/ 너희는 다 모여 들으라 나 여호와가 사랑하는 자는 나의 기뻐하는 뜻을 바벨론에 행하리니 그의 팔이 갈대아인에게 임할 것이라 그들 중에 누가 이 일들을 알게 하였느냐/ 나 곧 내가 말하였고 또 내가 그를 부르며 그를 인도하였나니 그 길이 형통하리라/ 너희는 내게 가까이 나아와 이것을 들으라 내가 처음부터 비밀히 말하지 아니하였나니 그것이 있을 때부터 내가 거기에 있었노라 하셨느니라 이제는 주 여호와께서 나와 그의 영을 보내셨느니라/

너희는 들을 지어다
구속자이신 여호와를, 성령께서 너희에게 가르치시나니
곧 십자가의 전쟁이라
이는 거룩한 피 흘림의 전쟁이니
죽을 위험에서 , 원수의 손아귀에서
사랑하는 그 가족을 , 친족을 찾아나섬 이시니
하나님의 권속이 되게 하시고
온 우주 만물 앞에 선포하시나니
이것이 곧 구속 이라!

말로다 할 수 없는 이 은총은
너희를 유익하게 함이니
네가 정녕 가장 아름다운 가치로 거기 높이 서리라

이는 저 천국 길로 인도하는 산길이시니
너희는 그 명령에 집중하라
네게 평강이 강같이 흐르고
네 영혼과 꿈과 소원을 적시리니

그 공의가 바다 물결 같아서

너희 안의 긍휼과 은혜가 파도를 치리니

네가 소자의 손을 따뜻이 할 것이라

너희는 그 명령을 들을 지라

너희가 뿌린 씨가 큰 수확을 이루나니

네 자손의 이름이 여호와 앞에서 끊어지지 않을 것이며

땅위에 하나님의 영광을 높이 세우고

그의 뜻을 이룰 것이니

정녕 끊이지 않는 축복의 통로가 되리라

너희는 선포하라

너희를 구속하신 하나님을 즐거운 소리로 외칠 지어다

황폐한 땅을 통과하게 하신 하나님

온갖 상처와 아픔도 통과 하게 하신 하나님

쪼갠 바위 되어 보혈의 샘을 여시고 생명의 물

영생의 물을 주신 그 핏빛 사랑을 선포할 지어다

너희의 구속자시오 이스라엘의 거룩하신 이이신 여호와께서 이르시되 나는 네게 유익하도록 가르치고 너를 마땅히 행할 길로 인도하는 네 하나님 여호와라/ 네가 나의 명령에 주의 하였더라면 네 평강이 강과 같았겠고 네 공의가 바다 물결 같았을 것이며/ 네 자손이 모래 같았겠고 네 몸의 소생이 모래 알 같아서 그의 이름이 내 앞에서 끊어지지 아니하였겠고 없어지지 아니하였으리라 하셨느니라/ 너희는 바벨론에서 나와서 갈대아인을 피하고 즐거운 소리로 이를 알게 하여 들려 주며 땅 끝까지 반포하여 이르기를 여호와께서 그의 종 야곱을 구속하셨다 하라/ 여호와께서 그들을 사막으로 통과하게 하시던 때에 그들이 목마르지 아니하게 하시되 그들을 위하여 바위에서 물이 흘러나게 하시며 바위를 쪼개사 물이 솟아나게 하셨느니라/ 여호와께서 말씀하시되 악인에게는 평강이 없다 하셨느니라

섬들아
너희 이방인들아, 소외된 변방의 사람아
크나큰 아픔으로 위로가 필요한 자들아
너희가 듣는 이 복음이 능력과 축복이니
너는 이제 또 다른 섬으로 가는 배를 타라
거기서
땅 위의 가장 큰 생명의 말
'예수'를 선포하라

먼 곳 백성들아
너를 분간 못 할 태에서부터 부르시고
기르시고 키우셨나니
이는 너를 믿어주시고 하나님의 계획을
이루시려 파송하신 소명의 은총이니
이후로는 그 구원을 소홀히 여기지 말 것이며
십자가 외에 그 무엇도 자랑치 말 일이라

여호와의 말씀은 날카로운 칼이라

말씀의 검이요, 치유의 검이니
그 말씀을 듣고 지키는 자는
그 손 그늘에 숨기시고 보호하시나니
이는 예수 그리스도의 못자국난 손이라

이제 천지를 뒤흔드는 북풍을 지나
고난의 용광로를 지나가리니
주와 함께 고난 받으면 함께 영광도 받으리라
이제 너에게 갈고 닦은 화살이 가득하게 될 것이니
너 스스로를 이길 것이요, 사탄을 이기리니
생명의 무기 , 곧 예수의 이름을 받음이라

48

본문: 사49:1-4

섬들아 내게 들으라 먼 곳 백성들아 귀를 기울이라 여호와께서
태에서부터 나를 부르셨고 내 어머니의 복중에서부터 내 이름을
기억하셨으며/ 내 입을 날카로운 칼 같이 만드시고 나를 그의 손
그늘에 숨기시며 나를 갈고 닦은 화살로 만드사 그의 화살통에
감추시고/ 내게 이르시되 너는 나의 종이요 내 영광을 네 속에 나
타낼 이스라엘이라 하셨느니라/ 그러나 나는 말하기를 내가 헛
되이 수고하였으며 무익하게 공연히 내 힘을 다하였다 하였도다
참으로 나에 대한 판단이 여호와께 있고 나의 보응이 나의 하나
님께 있느니라

메시아

그는 하나님께서 보내신 자라
너 야곱을, 너 이스라엘을
아버지께 돌아오게 하시기 위함이니
곧 하나님의 능력이요 축복이요 승리의 깃발이라

그는 하나님 보시기에 영화롭게 되었나니
가난한 자의 친구요,
소외된 자의 크나큰 위로라

그는 십자가의 죽으심과 부활로
깨어진 너의 삶을 일으키셨나니
너의 힘이요 회복의 은총이라

그가 친히 너희를 세우시사
모든 지파에게서 싹을 트게 하시고
그의 나라의 일을 감당케 하시나니
부활의 꽃이요 생명의 열매로라

그는 인류의 소망이요 빛이시라
이방의 너희에게도 복음의 씨를 뿌리시나니
생명의 빛이요 소망의 빛이요
땅 끝 까지 비추이는 구원의 빛이라

이스라엘의 거룩하신 이가
메시야를 왕이 되게 하셨나니
너희는 가난과 절망에서 구원이요
고통과 깊은 상처에서 구원이라

이스라엘의 거룩하신 이
그가 메시야를 택하셨나니
왕으로 세우시고 모든 상황을 역전케 하심이라

그는 너희의 왕의 왕이라
너희는 오로지
하나님의 싹 난 지팡이가 되리니
복되신 승리의 노래가 될 것이요
귀하게 쓰임 받을 축복의 그릇이라

49

본문: 사49:5-7

이제 여호와께서 말씀하시나니 그는 태에서부터 나를 그의 종으로 지으신 이시오 야곱을 그에게로 돌아오게 하시는 이시니 이스라엘이 그에게로 모이는도다 그러므로 내가 여호와 보시기에 영화롭게 되었으며 나의 하나님은 나의 힘이 되셨도다/ 그가 이르시되 네가 나의 종이 되어 야곱의 지파들을 일으키며 이스라엘 중에 보전된 자를 돌아오게 할 것은 매우 쉬운 일이라 내가 또 너를 이방의 빛으로 삼아 나의 구원을 베풀어서 땅 끝까지 이르게 하리라/ 이스라엘의 구속자 이스라엘의 거룩한 이이신 여호와께서 사람에게 멸시를 당하는 자, 백성에게 미움을 받는 자, 관원들에게 종이 된 자에게 이같이 이르시되 왕들이 보고 일어서며 고관들이 경배하리니 이는 이스라엘의 거룩하신 이 신실하신 여호와 그가 너를 택하였음이니라

새순 밭이라

주를 사모함으로 그 눈이 마르지 않는 자여
기뻐 열납 하시는 때
그 은혜의 때에 응답하시리니
큰 목소리로 하시리라

구원의 날, 주님의 날에 너를 도우시리니
높은 망대 꼭대기,
그 주님의 십자가에서 너를 보호하시나니
이제 너를 세우시리라
회복의 나라요, 축복의 나라로 세우시리라

죄악의 메마르고 거친 들에도
새 바람이 불어오나니
네 눈물의 골짜기 , 황무한 땅에도
정녕 젖과 꿀이 흐를지니
하나님의 긍휼과 은혜요 축복의 땅이 될 것이요
그 영원한 소유를 네게 상속 하시리라

이제 나오라
우매하고 혼미한 영적 무덤에서 나아오라
네 착고가 풀어지고 해방을 선언하시나니
이제 모든 결박에서 새 하늘로 나아오라

이제 나타나라
담장 안에 몸을 낮춘 자여 나아오라
너의 수치심의 덮개를 벗겨내고
흑암에서 나타나라

이제 하나님의 손을 잡고
그 사랑으로 배불리며 순례의 여정을 떠나보라
저 헐벗은 산,
찢기고 상처 입은 골짜기에도
새순이 돋을 것임이니
주님 예비하신 푸른 풀밭이요
기갈과 목마름이 없을 샘의 근원이라

50

여호와께서 이같이 이르시되 은혜의 때에 내가 네게 응답하였고
구원의 날에 내가 너를 도왔도다 내가 장차 너를 보호하여 너를
백성의 언약으로 삼으며 나라를 일으켜 그들에게 그 황무하였던
땅을 기업으로 상속하게 하리라/ 내가 잡혀 있는 자에게 이르기
를 나오라 하며 흑암에 잇는 자에게 나타나라 하리라 그들이 길
에서 먹겠고 모든 헐벗은 산에도 그들의 풀밭이 있을 것인즉/ 그
들이 주리거나 목마르지 아니할 것이며 더위와 볕이 그들을 상하
지 아니하리니 이는 그들을 긍휼히 여기는 이가 그들을 이끌되
샘물 근원으로 인도할 것임이라

바벨론, 그 눈물의 골짜기
주께서 우리를 이끌어 내시고
우리 영혼이 주리고 목마르지 않게 하셨나니
그 이끄심이 우리를 향한 주님의 '뒷심'이라

거기 한걸음 앞서 우리를 인도하시나니
시험에 빠지지 않도록 기도 하여라!
미움과 분노를 불태우는 자,
그 속엔 영생이 없나니 서로 사랑하라!
주님의 십자가 순종으로 너희는 복종하라!
비로소 거기에 하나님의 언약이 기다리고 있음이니
생명의 물 흐르는 곳으로 인도하시리라

우리의 묵은 상처, 가난, 죄, 연약함의 장애물이
오히려 새 길이 될 찌니
그리스도의 십자가가 나의 길이 됨이요,
이는 모든 산을 길로 삼으시는 주님의 은총이라

하늘이여 노래하라
땅이여 기뻐하라
산들이여 즐거이 노래하라
동서남북 먼 곳의 죄인들아 주께로 돌아오라

우리의 장애를 길로 바꾸시고 대로를 여시나니
십자가 위에서도 그 백성을 긍휼히 여기시는
주님의 위로가, 진정 위로가 되는 자여
이로 인해 우리가 하늘 노래를 부를지니
우리는 정녕 천국의 백성이라

51

본문: 사 49: 10-13

그들이 주리거나 목마르지 아니할 것이며 더위와 볕이 그들을 상하지 아니하리니 이는 그들을 긍휼히 여기는 이가 그들을 이끌되 샘물 근원으로 인도할 것임이라/ 내가 나의 모든 산을 길로 삼고 나의 대로를 돋우리니/ 어떤 사람은 먼 곳에서, 어떤 사람은 북쪽과 서쪽에서, 어떤 사람은 시님 땅에서 오리라/ 하늘이여 노래하라 땅이여 기뻐하라 산들이여 즐거이 노래하라 여호와께서 그의 백성을 위로 하셨은즉 그의 고난 당한 자를 긍휼히 여기실 것임이라

시온이여
오늘도 예배를 통해 그 백성을 찾으시는
하나님의 사랑을 보라

이스라엘의 백성들이여
오늘도 하나님은 그 태에서 난 자들을 찾아오시나니
예수님의 십자가가 그 탯줄이시요
거기서 나온 자들을 결코 잊지도 않으시고
반드시 찾으시고 인도하심이라

이제
주님의 못 자국 난 상처에
네 이름을 새겨 넣으시고 바라보시고 복을 주시나니
너의 성벽이 항상 주 앞에 있겠고
완전하고 온전하리라

하나님의 자녀들이여
그 성벽을 향해 기도하고 울지어다

시로 만나는 이사야서

그 하나님 앞에서 네 눈물을 버리지 말지니
너희의 영혼의 성벽이 안전하리라
통회의 눈물이 마르지 않게 하라
감사의 눈물이 마르지 않게 하라
우는 자를 위한 중보의 눈물이 마르지 않게 하라

자녀들이여
빨리 걸으라, 서두를 지어다
성전을 다시 세우는 자들이여
너희의 연약한 영혼을 세워 무너진 제단을 다시 세울지라
이제 너희를 헐던 자들이 멀리 떠나가나니
사방에서 영혼들이 모여 가득 찰 것이며
신부처럼 단장한 교회가 되리니
황폐하고 적막한 곳에 부흥의 물결이 일 것이며
네 영혼이 빛난 영적 도시가 될 것임이라

오직 시온이 이르기를 여호와께서 나를 버리시며 주께서 나를 잊으셨다 하였거니와/ 여인이 어찌 그 젖 먹는 자식을 잊겠으며 자기 태에서 난 아들을 긍휼히 여기지 않겠느냐 그들은 혹시 잊을지라도 나는 너를 잊지 아니할 것이라/ 내가 너를 내 손바닥에 새겼고 너의 성벽이 항상 내 앞에 있나니/ 네 자녀들은 빨리 걸으며 너를 헐며 너를 황폐하게 하던 자들은 너를 떠나가리라/ 네 눈을 들어 사방을 보라 그들이 다 모여 네게로 오느니라 나 여호와가 이르노라 내가 나의 삶으로 맹세하노니 네가 반드시 그 모든 무리를 장식처럼 몸에 차며 그것을 띠기를 신부처럼 할 것이라/ 이는 네 황폐하고 적막한 곳들과 네 파멸을 당하였던 땅이 이제는 주민이 많아 좁게 될 것이며 너를 삼켰던 자들이 멀리 떠날 것이니라

하나님을 바라보는 자는

사로잡혀 유리하던 자요
고난 중에 낳은 자녀들이라
차라리 죽은 것 같던 자녀들이
후일에 네게 말하리라

극심한 아픔과 환란에서
누가 이 자녀들을 이토록 아름답게 양육 하였는가
고통의 한복판에서 지켜주신 그 사랑으로
오로지 하나님을 섬기는 자가 되었음이라

바벨론 그 고난의 강변에서
성전에 올라가 예배하고 경배하는 꿈을 가르쳤으니
너희의 자녀들이
새 역사를 이끄는 주인공이 되리라
메시야의 나라가 더 굳게 세워지리라

이제 여호와의 손을 높이 드시고
십자가의 깃발을 세우시나니

너희의 약함이 강함이 될 것이며

너희 자녀의 죽음이 삶으로 꽃피우리니

환란 가운데 하나님을 바라보는 자여

너희가 결코 수치를 당치 아니하리니

용사가 빼앗아 간 것 하나님이 다시 찾아오시나니

너희 자녀들이 예루살렘이 되리라

거기 평화의 나라가 도래하리라

53

본문: 사49:20-23

자식을 잃었을 때에 낳은 자녀가 후일에 네 귀에 말하기를 이곳
이 내게 좁으니 넓혀서 내가 거주하게 하라 하리니/ 그 때에 네가
네 마음에 이르기를 누가 나를 위하여 이들을 낳았는고 나는 자
녀를 잃고 외로워졌으며 사로잡혀 유리하였거늘 이들을 누가 양
육하였는고 나는 홀로 남았거늘 이들은 어디서 생겼는고 하리
라/ 주 여호와가 이같이 이르노라 내가 뭇 나라를 향하여 나의
손을 들고 민족들을 향하여 나의 기치를 세울 것이라 그들이 네
아들들을 품에 안고 네 딸들을 어깨에 메고 올 것이며/ 왕들은
네 양부가 되며 왕비들은 네 유모가 될 것이며 그들이 얼굴을 땅
에 대고 네게 절하고 네 발의 티끌을 핥을 것이니 네가 나를 여호
와인 줄을 알리라 나를 바라는 자는 수치를 당하지 아니하리라

천지간 한 분 여호와께서
독생자 아들 예수 그리스도를 내려 놓으사
크고 놀라운 뜻을 펼치시나니
곧 우리를 살리심이라

때리는 자들에게 등을 맡기시어
죽음처럼 엎드린 네 영혼을 고쳐 세우시고

수염을 뽑는 자들에게 뺨을 맡기시어
너의 수치와 부끄럼을 제하시며

모욕과 침 뱉음을 당하여
수렁처럼 깊은 네 상처를 제하여 주시나니

다툴 자가 그 누구며, 대적이 누구 리요
다만 좀이 먹은 해어진 옷이요, 아무것도 아닌 것이 될 것이니
여호와 닛시! 반드시 승리를 거두리로다

이제 주께서 네 귀도 열어 주시나니
하나님의 말씀을 곧 듣고 순종하라

아침마다 깨우쳐주시는 은총으로
학자의 혀를 주시나니
거기
곤고함으로 기진한 네 이웃을 살필지라
우리 주님 피리 소리에
높이 손을 들어 춤추는 자가 되게 하라

54

본문: 사50:4-9/

주 여호와께서 학자들의 혀를 내게 주사 나로 곤고한 자를 말로 어떻게 도와 줄 줄을 알게 하시고 아침마다 깨우치시되 나의 귀를 깨우치사 학자들 같이 알아듣게 하시도다/ 주 여호와께서 나의 귀를 여셨으므로 내가 거역하지도 아니하며 뒤로 물러가지도 아니하며/ 나를 때리는 자들에게 내 등을 맡기며 나의 수염을 뽑는 자들에게 나의 뺨을 맡기며 모욕과 침 뱉음을 당하여도 내 얼굴을 가리지 아니하였느니라/ 주 여호와께서 나를 도우시므로 내가 부끄러워하지 아니하고 내 얼굴을 부싯돌 같이 굳게 하였으므로 내가 수치를 당하지 아니할 줄 아노라/ 나를 의롭다 하시는 이가 가까이 계시니 나와 다툴 자가 누구냐 나와 함께 설지어다 나의 대적이 누구냐 내게 가까이 나아올지어다/ 보라 주 여호와께서 나를 도우시리니 나를 정죄할 자 누구냐 보라 그들은 다 옷과 같이 헤어지며 좀이 그들을 먹으리라

의를 구하며
여호와를 찾아 구하는 자
믿음의 사람, 남아 있는 자에게
위로와 능력과 축복을 주시나니
너희를 통해 하나님의 나라가 세워지리라

너희는 옛적 일을 생각하여 보라
죄악과 절망의 구덩이에서 너를 구하여 내시고
채석장 엉킨 돌무덤에서 너를 찾아 보물로 택하셨나니
귀히 쓰시려함에 결코 후회가 없으심이라

너희 조상 아브라함과 사라처럼
너희가 정녕 혼자 일 때에
그 무엇 하나도 없을 적에
부르시고 복을 주시고 창성케 하신
이것을 너희가 생각하라

이제
황폐한 시온, 너희를 위로하시나니

시로 만나는 이사야서

심령 내실에는 승리의 기쁨이 꽃을 피울 것이요
너희 안에 하나님의 춤이 회복되리라

외로운 영혼아
섬들처럼 외로운 너희의 영혼이
하나님을 앙망하고 창화하며 그 팔을 의지하니
비로소 너희에게 하나님의 법이 들릴 것임이요
만민의 빛 되신 주 , 오직 구원은 십자가 뿐이니
마침내 너희가 에덴이 되리라
그 풍성함이 가득한 여호와의 동산이 되리라

55

본문: 사 51:1–5

의를 따르며 여호와를 찾아 구하는 너희는 내게 들을 지어다 너희를 떠낸 반석과 너희를 파낸 우묵한 구덩이를 생각하여 보라/ 너희의 조상 아브라함과 너희를 낳은 사라를 생각하여 보라 아브라함이 혼자 있을 때에 내가 그를 부르고 그에게 복을 주어 창성하게 하였느니라/ 나 여호와가 시온의 모든 황폐한 곳들을 위로하여 그 사막을 에덴 같게, 그 광야를 여호와의 동산 같게 하였나니 그 가운데에 기뻐함과 즐거워함과 감사함과 창화하는 소리가 있으리라/ 내 백성이여 네게 주의하라 내 나라여 내게 귀를 기울이라 이는 율법이 내게서부터 나갈 것임이라 내가 네 공의를 만민의 빛으로 세우리라/ 내 공의가 가깝고 내 구원이 나갔은즉 내 팔이 만민을 심판하리니 섬들이 나를 앙망하여 내 팔에 의지하리라

의를 아는 자들아,
그 은혜를 입어 십자가를 알며 부활을 아는 자들아
연기처럼 사라질 거짓 하늘,
옛적 그 바벨론의 헛된 영화를 바라보라

그 마음에 여호와의 율법을 품은 백성들아
저들의 훼방을 두려워말지어다
고통 가운데 기도하게 하시고
병들어 연약함을 주께 의지하였나니
여호와의 편 팔로 라합을 저미시고
교만한 자를 두 조각 내심이라

말씀을 지키는 자들아
너희 앞의 바다에 길을 내시나니
죄와 악함의 네 자아의 홍해가 갈라질 것이며
감사의 길, 기쁨의 길, 용서의 길이 열려지리니
이 길은 구원의 길이요, 생명의 길이라

구원을 노래하라

영원한 기쁨, 천국의 기쁨이 너희 정수리에 임하리라

이제 슬픔과 탄식이 달아나리니

너희 삶에 해가 돋으리라

찬양의 삶으로 천국을 이룰 지라

56

본문: 사51:6-11

너희는 하늘로 눈을 들며 그 아래의 땅을 살피라 하늘이 연기같
이 사라지고 땅이 옷 같이 허어지며 거기에 사는 자들이 하루살
이 같이 죽으려니와 나의 구원은 영원히 있고 나의 공의는 폐하
여지지 아니하리라/ 의를 아는 자들아, 마음에 내 율법이 있는
백성들아, 너희는 내게 듣고 그들의 비방을 두려워하지 말라 그
들의 비방에 놀라지 말라/ 옷 같이 좀이 그들을 먹을 것이며 양
털 같이 좀벌레가 그들을 뜯을 것이나 나의 공의는 영원히 있겠
고 나의 구원은 세세에 미치리라/ 여호와의 팔이여 깨소서 깨소
서 능력을 베푸소서 옛날 옛시대에 깨신 것 같이 하소서 라합을
저미시고 용을 찌르신 이가 어찌 주가 아니시며/ 바다를, 넓고 깊
은 물을 말리시고 바다 깊은 곳에 길을 내어 구속 받은 자들을
건너게 하신 이가 어찌 주가 아니시나이까/ 여호와께 구속 받은
자들이 돌아와 노래하며 시온으로 돌아오니 영원한 기쁨이 그들
의 머리위에 있고 즐거움과 기쁨을 얻으리니 슬픔과 탄식이 달아
나리이다

하나님의 사람아,
너는 누구이기에 죽을 사람을 두려워 하는가

하나님의 자녀, 하나님의 벗이여
네가 누구일진대 풀 같이 될 인생을 종일 두려워 하느냐

하나님의 어린 양이여
너는 진정 누구관대 학대자의 분노를 주목하고 있는 가

하나님의 신부여
너는 어찌하여 여호와의 능력을 잊었으며
하나님의 위로를 신뢰치 못 하는가

주님의 십자가로 희망의 하늘을 펴시고
주님의 십자가로 땅의 기초를 정하사 근본을 세우셨나니
구원과 능력과 치유요, 사랑의 확증이시라

너는 오로지 역전의 깃발을 바라 보라

비굴한 네 인생이 허리를 펼 것이며
바다를 휘저으며 물결을 뒤흔드시는 여호와의 초청에 응답하라

졸지도 아니하시고 주무시지도 아니하시나니
너는 하나님의 백성이라
그 말씀을 네 입에 두시고 싸우게 하시며
하나님의 손 그늘이 네 삶에 방패가 되시리니
너의 출입을 영원까지 지켜 주시리라

57

본문: 사51:12-16

이르시되 너희를 위로하는 자는 나 곧 나이니라 너는 어떠한 자이기에 죽을 사람을 두려워하며 풀 같이 될 사람의 아들을 두려워하느냐/ 하늘을 펴고 땅의 기초를 정하고 너를 지은 자 여호와를 어찌하여 잊어버렸느냐 너를 멸하려고 준비하는 저 학대자의 분노를 어찌하여 항상 종일 두려워하느냐 학대자의 분노가 어디 있느냐/ 결박된 포로가 속히 놓일 것이니 죽지도 아니할 것이요 구덩이로 내려가지도 아니할 것이며 그의 양식이 부족하지도 아니하리라/ 나는 네 하나님 여호와라 바다를 휘저어서 그 물결을 뒤흔들게 하는 자이니 그의 이름은 만군의 여호와니라/ 내가 내 말을 네 입에 두고 내손 그늘로 너를 덮었나니 이는 내가 하늘을 펴며 땅의 기초를 정하며 시온에게 이르기를 너는 내 백성이라 말하기 위함이니라

너희는 일어서라

70여년 기나긴 세월
분노의 잔을 마신 예루살렘이여
기도와 찬양이 마비된 백성이여
무너져 내린 성벽이여

깰지어다 어서 깰지어다
네 심령이 일어나
흔들리고 비틀거리는 네 삶을 바로 세울지라
예수님의 십자가를 바라보고
너희는 일어서라 회개하라 똑바로 걸으라

황폐와 멸망으로 성벽이 무너져도
기근과 칼로 성이 무너져도
거기 그물에 걸린 영양처럼 길게 누웠을 뿐
우는 자가 없구나

너희는 오로지 여호와를 앙망하라
주께서 분노의 잔을 거두시나니

다시는 마시지 않게 하시며
너를 압제하던 자에게 그 잔을 두시리니
네 억울함과 고통이 넘어가리라
너희의 무너진 예배가 부활되리라

58

본문: 사51:17-23

여호와의 손에서 그의 분노의 잔을 마신 예루살렘이여 깰지어다 깰지어다 일어설지어다 네가 이미 비틀걸음 치게 하는 큰 잔을 마셔 다 비웠도다/ 네가 낳은 모든 아들 중에 너를 인도할 자가 없고 네가 양육한 모든 아들 중에 그 손으로 너를 이끌 자도 없도다/ 이 두 가지 일이 네게 닥쳤으니 누가 너를 위하여 슬퍼하랴 곧 황폐와 멸망이요 기근과 칼이라 누가 너를 위로하랴/ 네 아들들이 곤비하여 그물에 걸린 영양 같이 온 거리 모퉁이에 누웠으니 그들에게 여호와의 분노와 네 하나님의 견책이 가득하도다/ 그러므로 너 곤고하며 포도주가 아니라도 취한 자여 이 말을 들으라/ 네 주 여호와, 그의 백성의 억울함을 풀어 주시는 네 하나님이 이같이 말씀하시되 보라 내가 비틀걸음 치게 하는 잔 곧 나의 분노의 큰 잔을 네 손에서 거두어서 네가 다시는 마시지 못하게 하고/ 그 잔을 너를 괴롭게 하던 자들의 손에 두리라 그들은 일찍이 네게 이르기를 엎드리라 우리가 넘어가리라 하던 자들이라 너를 넘어가려는 그들에게 네가 네 허리를 땅과 같게, 길거리와 같게 하였느니라 하시니라

축제를 준비하라

시온이여
너 아름다운 성 예루살렘이여

죽은 자처럼 눈을 감고 있던 고통의 세월
깰지어다, 네 영혼의 눈을 뜰지어다
낙심의 겉옷을 던져버리고
아름다운 옷, 영광의 옷을 입을 지어다
금빛 찬송으로 치장하고
희락의 화관을 쓰고 소망을 노래하라
너희가 축제의 주인공이 되리라

시온이여
너 거룩한 성 예루살렘이여

너는 티끌을 털고 일어나 앉으라
할례 받지 않은 네 불신앙을 베어버리고
네 교만과 나태함을 베어버리라
부정한 자여,

예수의 보혈을 믿지 않는 자여

너희는 정결의 옷을 입을 지어다

저주와 죄악을 털어버리고

거룩한 보좌에 앉을 것이니

너희는 왕 같은 제사장임이라

시온이여

하나님의 축제에 참여할 자여

염소요, 짐승으로 살던 네 목의 줄을 스스로 풀지 어다

죄악과 욕심과 때 묻은 습관의 줄을 끊고

너는 이제 시온의 축제를 준비하라

오로지 하나님의 백성으로

하나님의 축제에 참예할 지어다

59

본문: 사52:1-4

시온이여 깰지어다 깰지어다 네 힘을 낼지어다 거룩한 성 예루살렘이여 네 아름다운 옷을 입을 지어다 이제부터 할례 받지 아니한 자와 부정한 자가 다시는 네게로 들어옴이 없을 것임이라/ 너는 티끌을 털어 버릴지어다 예루살렘이여 일어나 앉을지어다 사로잡힌 딸 시온이여 네 목의 줄을 스스로 풀지어다/ 여호와께서 이와 같이 말씀하시되 너희가 값 없이 팔렸으니 돈 없이 속량되리라/ 주 여호와께서 이와 같이 말씀하시되 내 백성이 전에 애굽에 내려가서 거기에 거류하였고 앗수르인은 공연히 그들을 압박하였도다

하나님의 백성이여
너희가 까닭 없이 잡혀가 헛되이 당하였나니
고된 세월 네 삶을 그가 신원해 주시리라

너희를 짐승처럼 부리며 떠들며 업신여기던 자가 어디 있느냐
네 이름을 더럽히고 무시함의 돌을 던지던 자가 어디 있느냐
야훼는 스스로 계신자요
다시 시온으로 찾아 오시리니
고통을 건지시는 자 이심을 너희가 알리라

'내가 여기 있느니라'
바벨론 압제로부터 건지시는 그날에
예수! 그 이름이 선포되는 곳마다 구원이 이르나니
죄, 질병, 가난 ,환란 ,죽음에서 건져 내심이라

이제 너희가 복의 운반자가 되리니
좋은 소식을 전하는 자요
번영을 공포하며 샬롬을 전하는 자라

너희가 정녕 구원의 소식을 전하는 자니
만족과 기쁨을 전하는 자요
하나님이 친히 너희의 삶을 지배하시나니
고통의 산, 환란의 산을 뛰어 넘어
너의 발이 아름답고 길이 복되리라

60

본문: 사52: 5-7

그러므로 이제 여호와께서 말씀하시되 내 백성이 까닭 없이 잡혀
갔으니 내가 여기서 어떻게 하랴 여호와께서 말씀하시되 그들을
관할하는 자들이 떠들며 내 이름을 항상 종일토록 더럽히도다/
그러므로 내 백성은 내 이름을 알리라 그러므로 그 날에는 그들
이 이 말을 하는 자가 나인 줄을 알리라 내가 여기 있느니라/ 좋
은 소식을 전하며 평화를 공포하며 복된 좋은 소식을 가져오며
구원을 공포하며 시온을 향하여 이르기를 네 하나님이 통치하신
다 하는 자의 산을 넘는 발이 어찌 그리 아름다운가

너희 파수꾼들이여 노래하라

무릇 지킬만한 것보다 더욱 네 마음을 지킬지라

오로지 너희 마음을 하늘 아버지께만 내어드릴지라

네 입술의 말을 지킬 지라

네 입술에 파수꾼을 세워 더욱 그리 할지라

너희는 힘써 영적 순결을 지킬지라

그를 위해 교회를 주셨나니

오직 하나님만이 너의 주가 되게 할지라

무너져 내린 예루살렘의 황폐한 곳들이여 찬양하라

너희 성문을 든든히 지킬지라

거룩한 성전 문을 원수에게 내어주지 말지니라

네 성문을 불평에게 내어 주지 말지니

너희는 감사로 그 문에 들어 갈지라

너희는 무너진 성전을 지킬지라

작은 여우의 허는 것을 몰아 낼지라

네 작은 의심이 하늘 울타리를 무너뜨리나니
성령의 불을 지필지라
너희는 오직 여호와를 신뢰 할지라

너희는 기쁨으로 소리쳐 찬양하라
그로인해 황폐한 예루살렘이 다시 세워지리니
위로하시는 하나님을 찬양 하라
구속하신 그리스도의 보혈을 찬양 할지라

주께서 열방 가운데 그 팔을 걷어 부치시고
여호와의 열심으로 너희를 구원하시리니
너희를 향한 하나님의 축복을
땅 끝의 모든 이가 다 보게 되리라

61

본문: 사52:8-11

네 파수꾼들의 소리로다 그들이 소리를 높여 일제히 노래하니 이
는 여호와께서 시온으로 돌아오실 때에 그들의 눈이 마주 보리
로다/ 너 예루살렘의 황폐한 곳들아 기쁜 소리를 내어 함께 노래
할 지어다 이는 여호와께서 그의 백성을 위로 하셨고 예루살렘을
구속하셨음이라/ 여호와께서 열방의 목전에서 그의 거룩한 팔을
나타내셨으므로 땅 끝까지도 모두 으리 하나님의 구원을 보았
도다/ 너희는 떠날지어다 떠날지어다 거기서 나오고 부정한 것
을 만지지 말지어다 그 가운데에서 나올지어다 여호와의 기구를
메는 자들이여 스스로 정결하게 할 지어다

내 중이 형통하리라

거기
여호와의 기구를 메는 자들이여!
거룩한 성물을 등에 지고 가는 자들이여
교회를 어깨에 메고 가는
'거룩한 짐'을 지고 가는 자들이여
날마다 자기 십자가를 지고 가는 자들이여

너희는 스스로 정결할 지어다
뒤틀린 습관과 부정한 몸짓에서 떠날 지어다
꼬인 생각과 더러운 형통에서 나아오라
부정한 것들을 만지지도 말지어다

순종을 엮어 가시관 쓰시고
십자가 형틀에서 그 얼굴이 상하셨나니
너희의 무너진 인격의 모습이라
오직 그 이름만이 생명인지라
그 이름이 너희의 상처를 치료하심이라

거기
여호와의 기구를 메는 자들이여!
십자가 사랑으로 구원을 이루어 주셨나니
앞에서 쳐들어오는 적을 막아주시리니
너희가 황당한 일을 당하지 아니하리라
이스라엘의 하나님이 너희 뒤를 호위하시리니
너희가 기가 막힌 일을 당하지 아니하리라

거기
여호와의 기구를 메는 자들이여!
너희의 생각과 행함을 정결케 하라
너희의 말이 사탄의 입이 되지 말지니
사탄의 입이 봉해져야 비로소
너희에게 십자가 복음이 들려짐을 알지어다

거기
여호와의 기구를 메는 자들이여!
너희는 예루살렘으로 올라가라
거기서 너희는 찬송하는 자가 되라
힘써 여호와를 섬기는 자가 되라
하나님이 찾으시는 한 사람, 그 예배자가 될 지어다

62

본문: 사 52:11-15

너희는 떠날지어다 떠날지어다 거기서 나오고 부정한 것을 만지
지 말지어다 그 가운데에서 나올지어다 여호와의 기구를 메는
자들이여 스스로 정결하게 할 지어다/ 여호와께서 너희 앞에서
행하시며 이스라엘의 하나님이 너희 뒤에서 호위하시리니 너희가
황급히 나오지 아니하며 도망하듯 다니지 아니하리라/ 보라 내
종이 형통하리니 받들어 높이 들려서 지극히 존귀하게 되리라/ 전
에는 그의 모양이 타인보다 상하였고 그의 모습이 사람들 보다
상하였으므로 많은 사람이 그에 대하여 놀랐거니와 / 그가 나라
들을 놀라게 할 것이며 왕들은 그로 말미암아 그들의 입을 봉하
리니 이는 그들이 아직 그들에게 전파되지 아니한 것을 볼 것이요
아직 듣지 못한 것을 깨달을 것임이라

성육신 하나님

너희는 여호와의 팔을 경험 하였는가
너희가 과연 그 능력을 믿었는가

십자가 양손은 세상을 품으시는 여호와의 팔이시니
그 어미닭이 병아리를 품듯이
병들고 초라한 우리 죄인들을 품으시는 사랑의 팔이시라

연한 순 같은 주님의 초라함을 보는 가
거기서 너희의 초라함을 보아야 하며
너희가 십자가 형벌을 바라 보는가
거기서 형벌 받아 마땅한 너희를 보아야 함이니
그루터기 곁의 초라한 새 순이 복음의 싹이 되어
그 복음의 생명이 너희를 구원하심이라

척박하고 마른 땅에서 나온 뿌리를 보는 가
그는 예수 그리스도시니
골고다 목마른 땅에 복음의 뿌리가 되시는 도다
너희는 힘써 골고다로 올라가라
거기서 비로소 생명의 뿌리인 주님을 만나리니...

시로 만나는 이사야서

고운 모양도 없고 풍채도 없은즉

믿지 않는 자에겐 십자가의 미련함일 뿐이요

믿는 자에게는 하나님의 크나큰 능력이라

그는 질고를 겪으시고 슬픔을 지시니

죄의 옷으로 냄새나는 너희를 받아 들여 주심이라

그가 멸시를 받고 버림 받아 간고를 겪으심을 보는가

이는 네 눈물을 위함이요 버림받은 네 상한 심령을 위함이니

그가, 오늘, 울고 있는 네 슬픔을 아심이라

너희는 오직 십자가 앞으로 나아오라

너희로 인해 상하신 주님 앞에 네 눈물을 쏟아 놓으라

이제 너희에게 그 보혈의 은총이 강물처럼 넘치리라

63

본문: 사53:1-4

우리가 전한 것을 누가 믿었느냐 여호와의 팔이 누구에게 나타
났느냐/ 그는 주 앞에서 자라나기를 연한 순 같고 마른 땅에서
나온 뿌리 같아서 고운 모양도 없고 풍채도 없은즉 우리가 보기
에 흠모할 만한 아름다운 것이 없도다/ 그는 멸시를 받아 사람
들에게 버림 받았으며 간고를 많이 겪었으며 질고를 아는 자라
마치 사람들이 그에게서 얼굴을 가리는 것 같이 멸시를 당하였고
우리도 그를 귀히 여기지 아니하였도다/ 그는 실로 우리의 질고
를 지고 우리의 슬픔을 당하였거늘 우리는 생각하기를 그는 징벌
을 받아 하나님께 맞으며 고난을 당한다 하였노라

상처 입은 치유자 예수

그가 찔림은 우리의 허물 때문이요

이는
하나님을 향한 너희의 사랑이 변절함이라
하나님을 향한 너희의 믿음이 변절함이라
너희가 너희 것이 아닌 주님의 것이거늘
하나님의 그 자리에 너희를 세웠음이라

그가 상함은 우리의 죄악 때문이라

이는
너희가 하나님을 배반하여 우상을 섬겼음이라
주님의 얼굴을 피해 허망한 것을 바라봄이라
주님의 뼈가 짓밟혀 으스러지었나니
너희에게 자랑은 오직 십자가 뿐이어라

그가

징계를 받으므로 우리는 평화를 누리고

너희가 철들 나이가 되어도 어리석은 잘못을 버리지 못하니
주님이 대신 살을 찢기어 징계를 받으심이라
너희는 십자가에서 흐르는 평화를 안을지라
영적 도덕성을 온전히 회복할 지어다

그가 채찍에 맞음으로 우리는 나음을 받았도다

흠 없는 어린양 보혈의 피가 십자가를 적시고
찢긴 살을 허공에 흩으시어 네 죄악을 담당하셨나니
그가 너희의 연약함을 담당하심이라
찢긴 네 심령을 어루만져 강하게 하심이라

너희 평생에 그 은혜를 감사하며 결로 잊지 말 지어다
양은 그 목자의 소리를 듣고 그 발자국을 따르나니
너희 어리석음과 억센 고집을 내어던지고
너희는 오직 그 말씀에 따라 살 지어다
오로지 그 뜻에 따라 살아갈 지어다

그가 찔림은 우리의 허물 때문이요 그가 상함은 우리의 죄악 때문이라 그가 징계를 받으므로 우리는 평화를 누리고 그가 채찍에 맞으므로 우리는 나음을 받았도다/ 우리는 다 양 같아서 그릇 행하여 각기 제 길로 갔거늘 여호와께서는 우리 모두의 죄악을 그에게 담당시키셨도다

'네가 진정 그리스도냐?'
'내가 그로라'
'네가 유대인의 왕이냐?'
'네가 말 하였도다'

세상을 향한 하나님의 뜻을 듣기 위해
곤욕과 아픈 심문에도 침묵하신 주님
너희도 고통 가운데 하나님의 뜻을 들을 지라
그래야 십자가 감당할 능력이 주어지리라

화목 제물 되어 동문으로 들어가는
구별된 어린 양은 울지 않음 같이
도수장으로 끌려 가는 어린 양
우리 주님은 잠잠히 침묵하심이라

털 깎이는 어린 양 되어
수치를 드러내시고 부끄러움을 드러내시고…

시로 만나는 이사야서

죄악으로 벌거벗은 인생에게
보혈 옷 한 벌 지어 입히시는 주님의 크나큰 사랑
너희가 이후로 영생을 누리라 하심이라

주님의 십자가를 묵상하라
너희는 언제까지 주님의 십자가를
구레네 시몬에게 맡길 것인가

교회는 부활의 주님 남기신 성체이니
이제 새 힘으로 주님의 법궤를 메고 나아갈 지라
주님의 십자가를 질 그 한사람이 될 지어다

65

본문: 사53:7-9

그가 곤욕을 당하여 괴로울 때에도 그의 입을 열지 아니하였음이여 마치 도수장으로 끌려가는 어린 양과 털 깎는 자 앞에서 잠잠한 양 같이 그의 입을 열지 아니하였도다/ 그는 곤욕과 심문을 당하고 끌려 갔으나 그 세대 중에 누가 생각하기를 그가 살아 있는 자들의 땅에서 끊어짐은 마땅히 형벌 받을 내 백성의 허물 때문이라 하였으리요/ 그는 강포를 행하지 아니하였고 그의 입에 거짓이 없었으나 그의 무덤이 악인들과 함께 있었으며 그가 죽은 후에 부자와 함께 있었도다

속건제물 되신 주님

주님은 우리의 선한 목자시라
그가 상함과 질고를 당하시고
그의 영혼을 제단에 내려놓아
친히 속건제물이 되셨나니
이는 너희로 하나님 나라의 씨앗이 되기를 원하심이요
주님의 보혈로 인해 하나님의 나라가 이어짐이라

회개하라 천국이 가까웠나니
십자가에 못 박힌 그 손에서 평안이 나옴이라
그 손에서 성령의 역사가 나옴이라
그 손을 통해 하나님 나라의 후사가 되게 하시나니
이는 구원을 만족케 하신 하나님의 뜻이니라

주님은 하나님의 마음을 아는 지식으로
너희의 죄악을 친히 담당하시고 의롭게 하셨나니
이는 너희로 하나님 나라의 유업이 되게 하심이라

주님의 보혈은 너희를 살리는 생명이시라

죄와 사망에서 건지시고 묵은 상처를 치유하시나니
하나님과 화목하라 이웃과 화해하라
너희는 그리스도의 피로 맺은 언약의 형제니라

66

여호와께서 그에게 상함을 받게 하시기를 원하사 질고를 당하게 하셨은즉 그의 영혼을 속건제물로 드리기에 이르면 그가 씨를 보게 되며 그의 날은 길 것이요 또 그의 손으로 여호와께서 기뻐하시는 뜻을 성취하리로다/ 그가 자기 영혼의 수고한 것을 보고 만족하게 여길 것이라 나의 의로운 종이 자기 지식으로 많은 사람을 의롭게 하며 또 그들의 죄악을 친히 담당하리로다/ 그러므로 내가 그에게 존귀한 자와 함께 몫을 받게 하며 강한 자와 함께 탈취한 것을 나누게 하리니 이는 그가 자기 영혼을 버려 사망에 이르게 하며 범죄자 중 하나로 헤아림을 받았음이니라 그러나 그가 많은 사람의 죄를 담당하며 범죄자를 위하여 기도하였느니라

오직 노래할 지어다

잉태치 못하며 출산하지 못한 너희여 노래할 지어다
등불을 준비치 못한 처녀들아
한 달란트 받은 악하고 게으른 종들아
너희는 죽은 자를 살리시는 부활의 노래를 부를 지어다
기뻐 큰소리로 외쳐 한나의 노래를 부를 지어다

산고를 겪지 못한 너희는 외쳐 노래할 지어다
소망을 잃었던 자들아 큰 소리로 노래할 지어다
주님으로 인한 산고를 기뻐 노래하라
너희에게 무수히 자녀들이 태어나리니
희망과 축복을 잉태함이요
그의 섭리와 은총을 출산하기 위함이라

찢긴 휘장은 주님의 몸이시라
하늘 아버지로 향한 막힌 담을 헐지니
하나님과 화목한 자요
아바 아버지의 은총의 사람이 됨이니
너희의 영적 장막터가 끝없이 넓혀 지리라

너희는 감사의 줄을 길게 하라
기도의 줄을 길게 하라
오직 십자가 말뚝을 든든히 세워
흔들리지 않는 견고한 믿음으로 굳게 서리니
동서남북 좌우로 그리스도의 복음이 편만하리라

이제 너희의 자손들이 열방을 얻으리니
이는 강대한 나라요,
기업을 얻으리니
하늘 아버지의 상속자가 됨이라

언 땅과 황폐한 성읍에 영적 부흥이 일어나리니
복음의 마을이요 축복의 땅이라
다시는 수치를 당치 않으리니,
너희가 애굽을 기억함이 없으리라
다시는 부끄러운 일이 없으리니, 너희가 바벨론의 치욕을 잊게 되
리라

잉태하지 못하며 출산하지 못한 너는 노래할 지어다 산고를 겪
지 못한 너는 외쳐 노래할 지어다 이는 홀로 된 여인의 자식이 남
편 있는 자의 자식보다 많음이라 여호와께서 말씀하셨느니라/
네 장막터를 넓히며 네 처소의 휘장을 아끼지 말고 널리 펴되 너
의 줄을 길게 하며 너의 말뚝을 견고히 할 지어다/ 이는 네가 좌
우로 퍼지며 네 자손은 열방을 얻으며 황폐한 성읍들을 사람 살
곳이 되게 할 것임이라/ 두려워하지 말라 네가 수치를 당하지 아
니하리라 놀라지 말라 네가 부끄러움을 보지 아니하리라 네가
네 젊었을 때의 수치를 잊겠고 과부 때의 치욕을 다시 기억함이
없으리니

신랑이신 주님

너의 신랑,
너의 주인 되신 하나님은
창조주 하나님이시니
너희가 무한한 생명력, 무한한 사랑과 지혜를 갖게 됨이라

그가 천하 만물을 돌보듯이
너를 지키시고 다스리시고 보호하시고 섭리하시나니
그의 지혜로, 권능과 능력으로
너를 다스려주심이라

네 구속자는 이스라엘의 거룩한 이시니
너의 가장 가까운 가족이요 형제요 친구시라
그가 너에게 쇠하지 않을 기업을 주시나니
땅에서도 낙원을 누리게 하심이라

그가 큰 긍휼로 너를 부르시나니
영원한 자비요 십자가 사랑이라
산들이 떠나며 언덕이 옮겨질 지라도
그의 자비의 산은, 그의 자비의 언덕은

결코 떠나지 아니하리니
사랑과 용서의 언덕이요 긍휼의 언덕이라

오라
주님의 사랑하는 신부여
너희 영 혼 육에 새겨진
신랑의 흔들리지 않는 화평의 언약을
손을 들어 송축하며 큰소리로 노래할 지어다

68

본문: 사54:5-10

이는 너를 지으신 이가 네 남편이시라 그의 이름은 만군의 여호와이시며 네 구속자는 이스라엘의 거룩한 이시라 그는 온 땅의 하나님이라 일컬음을 받으실 것이라/ 여호와께서 너를 부르시되 마치 버림을 받아 마음에 근심하는 아내 곧 어릴 때에 아내가 되었다가 버림을 받은 자에게 함과 같이 하실 것임이라 네 하나님께서 말씀하셨느니라/ 내가 잠시 너를 버렸으나 큰 긍휼로 너를 모을 것이요/ 내가 넘치는 진노로 내 얼굴을 네게서 잠시 가렸으나 영원한 자비로 너를 긍휼히 여기리라 네 구속자 여호와께서 말씀하셨느니라/ 이는 내게 노아의 홍수와 같도다 내가 다시는 노아의 홍수로 땅 위에 범람하지 못하게 하리라 맹세한 것 같이 내가 네게 노하지 아니하며 너를 책망하지 아니하기로 맹세하였노니/ 산들이 떠나며 언덕들은 옮겨질 지라도 나의 자비는 네게서 떠나지 아니하며 나의 화평의 언약은 흔들리지 아니하리라 너를 긍휼히 여기시는 여호와께서 말씀하셨느니라

광풍에 요동하여
흔들리고 방황하던 긴 세월
그저 하나의 돌이던 우리에게
그리스도의 보혈로 채색옷을 입히시고
보석으로 지은 집
교회를 세워 가시는 주님의 은총

하늘을 품은 보석, 청옥으로 기초하시니
하늘 문이 열리고 주의 임재가 가득함이요
땅에 살아도 하늘을 품으리라

주님의 보혈, 홍보석으로 성벽을 쌓으니
밝은 빛이요 의로운 자라 할 것이요
이제 비로소 주님의 사랑과 능력이
은혜의 빛으로, 우리에게 칭의의 빛으로 나타나리라

변함도 없고 성실한 석류석이 우리의 성문이 되리니
우리의 지경에 기쁨의 돌들이 세워지리라

감사하고 감사하자
생명과 은혜의 말씀을 받는 자여
하늘 아버지를 부르는 자여
정녕 차고 넘치는 큰 평안이 우리의 것임이라

69

본문: 사54:11-14

너 곤고하며 광풍에 요동하여 안위를 받지 못한 자여 보라 내가
화려한 채색으로 네 돌 사이에 더하며 청옥으로 네 기초를 쌓으
며/ 홍보석으로 네 성벽을 지으며 석류석으로 네 성문을 만들고
네 지경을 다 보석으로 꾸밀 것이며/ 네 모든 자녀는 여호와의 교
훈을 받을 것이니 네 자녀에게는 큰 평안이 잇을 것이며 / 너는 공
의로 설 것이며 학대가 네게서 멀어질 것인즉 네가 두려워하지 아
니할 것이며 공포도 네게 가까이 하지 못할 것이라

오호라

핏빛 사랑으로 휘감긴 하나님의 깊으신 마음

거기서 부르시는, 은혜로 초대하시는 호흡이시라

목마른 자들아 물로 나아오라

천지만물이 주님 품으신 물에서 나오나니

이는 곧 생명의 근원이요 창조의 근원이라

돈 없는 자여 포도주와 젖을 살지라

오직 십자가 능력으로 포도주와 젖을 사라

생명의 기쁨이 충만함이요

말씀의 풍요함이 충만하리니

마침내 영적인 거부가 되어감이라

이스라엘 백성이여

듣고 들을 지어다

하나님 보시기에 좋은 것으로 먹을 것이니

이는 기름진 것이요, 감람나무 기름이라

고통. 절망. 죽음의 재앙을 짊어지신
어린양 화목제물이요 , 주님의 보혈이니
감사하고 찬양하라
즐거움의 옷깃으로, 휘돌아 춤을 출 지어다

70

본문: 사55:1-2

오호라 너희 모든 목마른 자들아 물로 나아오라 돈 없는 자도
오라 너희는 와서 사먹되 돈 없이, 값 없이 와서 포도주와 젖을
사라/ 너희가 어찌하여 양식이 아닌 것을 위하여 은을 달아 주
며 배부르게 하지 못할 것을 위하여 수고하느냐 내게 듣고 들을
지어다 그리하면 너희가 좋은 것을 먹을 것이며 너희 자신들이 기
름진 것으로 즐거움을 얻으리라/

너희는 나아오라

말씀을 들으러 하나님 앞으로 나아오라

너희 두 귀를 세우고 그 말씀이 마음으로 들어오게 하라

네 영혼의 지성소로 들어오시게 하라

그 말씀이 네 삶을 움직이게 함이니

네 영혼을 살리시고

너를 환란과 위경에서 건져 내심이니라

너희는 나아오라

두 귀를 기울이고 하나님의 말씀을 들을지라

다윗의 뿌리에 세워진 확실한 언약을 베푸시리니

임마누엘의 가문이 되게 하심이라

이는 메시야를 통해 주시는 변함없는 사랑의 은총이요

'그럼에도 불구하고' 베푸시는

다함 없는 그리스도의 사랑이시라

그가 십자가 사랑으로 만민의 증인으로 세워지심은

만민의 인도자요 만민의 통치자 되심이라
죽으시고 부활 승천하사
너희를 절망과 뒤틀린 욕심의 무덤에서 꺼내어 살리시고
영화롭게 하셨으니
이로써 자기의 사랑을, 그렇게 확증 하셨음이라

71

너희는 귀를 기울이고 내게로 나아와 들으라 그리하면 너희의 영혼이 살리라 내가 너희를 위하여 영원한 언약을 맺으리니 곧 다윗에게 허락한 확실한 은혜이니라/ 보라 내가 그를 만민에게 증인으로 세웠고 만민의 인도자와 명령자로 삼았나니/ 보라 네가 알지 못하는 나라를 네가 부를 것이며 너를 알지 못하는 나라가 네게로 달려올 것은 여호와 네 하나님 곧 이스라엘의 거룩하신 이로 말미암음이니라 이는 그가 너를 영화롭게 하였느니라

여호와를 만날 만한 때에 찾으라
절망이 깊어, 그가 없는 것 같은 그 때에 찾을 것이니
너희가 예배할 그 때에 은혜를 베푸시리라

가까이 계실 때에 그를 부르라
네 어리석음을 내려놓고 겸손함으로 그를 찾으라
너희가 성전에서 그 음성을 듣게 되리라

너희의 불의한 길을 버리고 여호와께 돌아오라
허무한 것을 찾아 헐떡이던 탐심을 내려놓고
주님이 남겨 주신 길,
좁은 길, 영문 밖의 십자가의 길로 나아가라

너희 악한 길, 불의 한 생각을 버리고 돌아오라
너희가 떠났던 그 곳으로 돌이킬지라
여인이 그 태중의 아이를 불쌍히 여김같이
그가 너희를 긍휼히 여기시나니

주님의 생각하심이, 주님의 길로 인도하심이
오늘 너희에게, 여기서, 임하시리라

72

본문: 사55:6-9

너희는 여호와를 만날 만한 때에 찾으라 가까이 계실 때에 그를
부르라 / 악인은 그의 길을, 불의한 자는 그의 생각을 버리고 여
호와께로 돌아오라 그리하면 그가 긍휼히 여기시리라 우리 하나
님께로 돌아오라 그가 너그럽게 용서하시리라/ 이는 내 생각이
너희의 생각과 다르며 내 길은 너희의 길과 다름이니라 여호와의
말씀이니라/ 이는 하늘이 땅보다 높음 같이 내 길은 너희의 길보
다 높으며 내 생각은 너희의 생각보다 높음이니라

하나님의 기념이 되는 자

비와 눈이 하늘로부터 내려오듯

위로부터 내리는 하나님의 말씀은

생명으로 능력과 치유로

연약한 자의 무릎으로 오시나니

그 말씀이 결코 돌아가지 않으시고

듣는 이의 영혼을 적시고 풍성한 은혜를 허락하사

너희를 새롭게 창조하심이라

이제 너희의 영혼의 언 땅이 녹을 때이니

하나님의 은혜의 씨앗을 파종할 지라

감사로 용서로 사랑으로 기도로 은혜의 씨앗으로..

너희가 심기를 계획하라

그 은혜의 종자를 거저 주시나니

그 양식을 아멘으로 먹을 지라

성령의 이끄심으로 기쁨의 자리로 나아갈지니

너희가 정녕 출애굽 하리라

근심과 염려와 골 깊은 상처를 떨치고

오직 샬롬의 자리로 나아갈지니
이제 너희는 가시나무가 아니라 잣나무이니
구원의 방주 세우는 귀한 재목이 될 것이요
찔레가 아닌 화석류라
영혼의 밭을 황폐케 하는자가 아니요 평화의 나무라
이제 너희가 여호와의 기념이 될 것이며
너희의 자녀와 가문을 영원히 기억해 주심이라

73

본문: 사55: 10-13

이는 비와 눈이 하늘로부터 내려서 그리로 되돌아가지 아니하고 땅을 적셔서 소출이 나게 하며 싹이 나게 하여 파종하는 자에게 는 종자를 주며 먹는 자에게는 양식을 줌과 같이/ 내 입에서 나 가는 말도 이와 같이 헛되이 내게로 되돌아오지 아니하고 나의 기뻐하는 뜻을 이루며 내가 보낸 일에 형통함이니라/ 너희는 기 쁨으로 나아가며 평안히 인도함을 받을 것이요 산들과 언덕들이 너희 앞에서 노래를 발하고 들의 모든 나무가 손뼉을 칠 것이며/ 잣나무는 가시나무를 대신하여 나며 화석류는 찔레를 대신하여 날 것이라 이것이 여호와의 기념이 되며 영영한 표징이 되어 끊어 지지 아니하리라

너희는 정의를 지키며 의를 행하는 자인가
하나님을 향한 거룩한 떨림이 있는 가

너희는 주의 구원의 길을 예비하라
돌아보아 너희의 성전을 재건할 지라
기도와 감사로 예루살렘의 회복을 이룰지니
평화의 공동체가 다시 섬이요, 하나님의 사랑이 재건될 지라

여호와의 날을 기억하고 그 날을 더럽히지 말지 어다
육의 생각을 영의 생각으로 채우는 날이요
창조주 지으신 시간들을
그 하나님 앞에 봉헌 하는 날이라

너희의 손을 악한 것들로부터 지키라
네 인생길의 복이요 걸림돌이 제하여 지나니
너희는 본디 마른 나무요 이방인이었으나
예수 그리스도의 십자가 나무로 접붙임을 얻었으니

시로 만나는 이사야서

이제 '고염나무'가 아니라 실한 '장두 감나무'라
하나님과 연합한 자요 그 질서를 수용하는 자임이라

74

본문: 사56:1-3

여호와께서 이와 같이 말씀 하시기를 너희는 정의를 지키며 의를 행하라 이는 나의 구원이 가까이 왔고 나의 공의가 나타날 것임이라 하셨도다/ 안식일을 지켜 더럽히지 아니하며 그의 손을 금하여 모든 악을 행하지 아니하여야 하나니 이와 같이 하는 사람, 이와 같이 굳게 잡는 사람은 복이 있느니라/ 여호와께 연합한 이방인은 말하기를 여호와께서 나를 그의 백성 중에서 반드시 갈라 내시리라 하지 말며 고자도 말하기를 나는 마른 나무라 하지 말라

하나님의 기념비

너희는 본디 고자요, 마른 막대기라
이스라엘의 쫓겨난 자요, 흩어진 자일진대
이제 하나님의 성전에 거하는 자요
지극히 사랑하고 섬기는 자가 됨이라

주일이 주일되게 하며
은혜의 날, 축복의 날을 지키는 자요
성령의 사람으로 그가 기뻐하는 일을 선택하며
말씀대로 살리라, 그 언약을 굳게 잡은 자 됨이라

이제
하나님의 나라, 하나님의 성전 뜰 안에
기념비 세워 주시나니
그 어떤 것도 견줄 수 없고 비교할 수 없음이라
영원한 이름을 주시어 끊어짐이 없게 하시나니
그 이름은 기도요, 감사라, 용서요 , 사랑이라

너희는 이방인이 아니요, 쓰임 받는 선민이라

그 이름을 높이고 사랑하는 자니

이제 레위지파요, 승리의 제사장이라

주의 크신 구원을 기뻐하고 찬양하라

기도와 함께 예물을 들고 나아갈지니

주께서 기꺼이 받아 주실 것임이요

너희 기도하는 집에 놀라운 부흥이 있을 것이라

75

본문: 사56:4-8

여호와께서 이와 같이 말씀하시기를 나의 안식일을 지키며 내가 기뻐하는 일을 선택하며 나의 언약을 굳게 잡는 고자들에게는/ 내가 내 집에서, 내 성 안에서 아들이나 딸보다 나은 기념물과 이름을 그들에게 주며 영원한 이름을 주어 끊어지지 아니하게 할 것이며/ 또 여호와와 연합하여 그를 섬기며 여호와의 이름을 사랑하며 그의 종이 되며 안식일을 지켜 더럽히지 아니하며 나의 언약을 굳게 지키는 이방인마다/ 내가 곧 그들을 나의 성산으로 인도하여 기도하는 내 집에서 그들을 기쁘게 할 것이며 그들의 번제와 희생을 나의 제단에서 기꺼이 받게 되리니 이는 내 집은 만민이 기도하는 집이라 일컬음이 될 것임이라/ 이스라엘의 쫓겨난 자를 모으시는 주 여호와가 말하노니 내가 이미 모은 백성 외에 또 모아 그에게 속하게 하리라 하셨느니라

들과 숲의 모든 짐승들아, 이방의 군대들아
어리석고 혼미하여 사명의 길을 잃은 백성에게 나오라
저들이 꺼진 등불을 들고 그 신랑을 기다리나니
환란의 공격을 알아채지 못하는 자로다

하나님의 집을 둘러보는 저 파수꾼이
기도의 갈망을 잃어 영적 소경이 되었으며
말씀을 들어도 그 마음에 울림이 없어
그 선한 양심이 굳은 땅이 되었도다

아하 허탄한 인생아
맞잡았던 여호와의 손을 놓으니
부르짖어 기도함을 잊었는가
벙어리가 되어 짖지 못하는 개의 형상이라

게으름을 사랑하는 자여
누워 잠자기를 즐기며 헛된 꿈 속에
뜬 구름을 잡는 자여, 그 열매를 잃은 자여

삶의 이마에 땀을 흘릴 지라
네게 주신 것에 감사하고 또한 자족 할지라

포도주와 독주를 거둘지라
하나님의 나라는 집착이 아니요 누림의 행복이나니
너희가 어느 때 까지 영적 부패함으로 취하려 하는 가
그리스도와 함께 십자가에 죽었으면 또한 그와 함께 부활하리니
이제 네 삶에 새순이 돋고 용서와 감사와 충성의 능력이 자라나리니
너희는 오직 성령으로만 취할 지니라

76

본문: 사56: 9-12

들의 모든 짐승들아 숲 가운데의 모든 짐승들아 와서 먹으라/ 이
스라엘의 파수꾼들은 맹인이요 다 무지하며 벙어리 개들이라 짖
지 못하며 다 꿈꾸는 자들이요 누워 있는 자들이요 잠자기를 좋
아하는 자들이니/ 이 개들은 탐욕이 심하여 족한 줄을 알지 못
하는 자들이요 그들은 몰지각한 목자들이라 다 제 길로 돌아가
며 사람마다 자기 이익만 추구하며 / 오라 내가 포도주를 가져
오리라 우리가 독주를 잔뜩 마시자 내일도 오늘 같이 크게 넘치
리라 하느니라

지극히 높으신 여호와,
그 하나님이 함께하고 싶어 하시는 자여

네 영혼의 길을 돋우고 수축 할지라
너 스스로를 가두고 있는
낙심과 절망의 웅덩이를 평탄케 할지라
더딘 응답으로 실망하는 네 생각을 제하여 버리고
너희 얼굴을 들어 오직 주님을 바라 볼 지라

지극히 높으신 여호와,
그 거룩하신 하나님이 거처삼고 싶어 하시는 자여

주님이 거룩하심 처럼
너희는 거룩을 덧입을 지어다
물과 성령으로 거듭나
하나님의 형상을 회복 할지라
그때 비로소 너희 심령에 거하시고 네 삶의 자리에 거하시나니
네 부서진 자아를 거처 삼으시고 새 사람으로 창조하심이라

지극히 높으신 여호와,
그 하나님이 함께하고 싶어 하시는 자여

너희는 마음을 낮춰 겸손을 덧입을 지라
곧 십자가의 영성을 추구하는 영혼이 될지니
너희가 단단한 하나님의 나라를 세우게 될 지라

오직 십자가만을 자랑하는 자로
거기에 영광과 축복의 나라를 세우는 자 됨이니
네 축복을 안전하게 지키는 방법은
오직 겸손임을 잊지 말지라

77

본문: 사57:14-15

그가 말하기를 돋우고 돋우어 길을 수축하여 내 백성의 길에서 거치는 것을 제하여 버리라 하리라/ 지극히 존귀하며 영원히 거 하시며 거룩하다 이름하는 이가 이와 같이 말씀하시되 내가 높고 거룩한 곳에 있으며 또한 통회하고 마음이 겸손한 자와 함께 있나니 이는 겸손한 자의 영을 소생시키며 통회하는 자의 마음을 소생시키려 함이라

너를 고쳐 주시리라

너희는,
그 끝을 가늠할 수도 없는,
만물의 시작 전에 이미 예정하신 자 일 진데
너희 영혼이 어찌 그리 피곤하여
죽은 자 위에 그 옷을 입힘처럼 슬픈 자로다

탐심의 무게가 네 평안을 짓눌렀나니
너희가 서슴없이 이웃의 담을 넘었음이라
또한
너희가 여호와의 날을 탈취하여 네 오락의 날로 삼고
십의 일조를 탈취하여 네 재물로 삼았으니

아하,
영혼에 병이 깊어 중병이 되었도다
선을 알고도 행치 않아 악한 자가 되었으니
진흙과 더러운 것이 솟구쳐 요동하는 바다요
기도 소리가 죽어 들리지 않음이며
네 이웃에게 근심거리가 되었도다

끝없이 용서하시고 기다리시는 여호와
너희는 오직 그 위로를 바랄 지어다
네 죄를 기억치 않으실 오직 한 분
지금 너희는 그 옷자락을 잡을 지어다
평강이 있을 지어다, 평강이 있을 지어다
오늘 네 여호와의 손이 너를 고쳐 주시리라

78

본문: 사57:16-21

내가 영원히 다투지 아니하며 내가 끊임없이 노하지 아니할 것은
내가 지은 그의 영과 혼이 내 앞에서 피곤할까 함이라/ 그의 탐심
의 죄악으로 말미암아 내가 노하여 그를 쳤으며 또 내 얼굴을 가
리고 노하였으나 그가 아직도 패역하여 자기 마음의 길로 걸어
가도다/ 내가 그의 길을 보았은즉 그를 고쳐 줄 것이라 그를 인
도하며 그와 그를 슬퍼하는 자들에게 위로를 다시 얻게 하리라/
입술의 열매를 창조하는 자 여호와가 말하노라 먼 데 있는 자에
게든지 가까운 데 있는 자에게든지 평강이 있을지어다 평강이 있
을지어다 내가 그를 고치리라 하셨느니라/ 그러나 악인은 평온
함을 얻지 못하고 그 물이 진흙과 더러운 것을 늘 솟구쳐 내는
요동하는 바다와 같으니라/ 내 하나님의 말씀에 악인에게는 평
강이 없다 하셨느니라

하늘 길을 가고자 하는 자여
하나님의 지성소에 들고자 하는 자여
너희의 어리석음을 버리고 오직 기대와 소원의 예물을 들고
여호와께 그 길을 물을 지라

너희는 즐거이 기쁨으로 그 길로 나아갈지니
고난의 길이라도, 십자가의 길이라도, 영문 밖의 길일지라도…
오직 그 길만이 복 된 길이 되리니
행복의 길, 은혜의 길, 살 길이요
순간마다 하나님을 만나는 길이 될 지라

네 목소리로 나팔을 불지니
이는 숫양의 뿔이요, 양각 나팔이라
곧 예수 그리스도의 십자가에서 나오는 복음의 소리이니
네 흔들리는 허물을 향해 나팔을 불지라
네 어그러진 죄악에 전쟁을 선포하고 양각나팔을 불지 어다

너희가 금식으로 자랑치 말지니

이웃을 압제하고 소송을 일삼는 자라

약자의 눈물을 기뻐하며 타인의 평화를 해치는 자라

너희의 유익을 위해 금식하지 말 것은

오직 그의 나라를 위해 금식해야 할지니

그것이 죽은 것 같으나 사는 길이요

너희가 하나님의 지성소에 들어가리라

79

크게 외치라 목소리를 아끼지 말라 네 목소리를 나팔 같이 높여 내 백성에게 그들의 허물을, 야곱의 집에 그들의 죄를 알리라/ 그들이 날마다 나를 찾아 나의 길 알기를 즐거워함이 마치 공의를 행하여 그의 하나님의 규례를 저버리지 아니하는 나라 같아서 의로운 판단을 내게 구하며 하나님과 가까이 하기를 즐거워 하는도다/ 우리가 금식하되 어찌하여 주께서 보지 아니하시오며 우리가 마음을 괴롭게 하되 어찌하여 주께서 알아 주지 아니하시나이까 보라 너희가 금식하는 날에 오락을 구하며 온갖 일을 시키는도다/ 보라 너희가 금식하면서 논쟁하며 다투며 악한 주먹으로 치는도다 너희가 오늘 금식하는 것은 너희의 목소리를 상달하게 하려는 것이 아니니라

하나님이 보시는 경건은

그의 백성들이 자랑치 말아야 할 것들 중에 하나는
너희가 길모퉁이에 나와 앉아
그 머리를 풀어 금식을 알리는 것이니
경건의 모양은 있으나 가증한 능력이라

여호와, 주께서 열납 하시는 금식은
흉악의 결박을 풀어주는 것이니
너희가 굶기 전에 돌아가 얽힌 관계를 풀고 올지라
그 누구도 조종치 말며 짓눌린 자를 해방할지니
'나는 굶고 너는 먹으라'
주린 자에게 네 양식을 나누어 줄지라

너희가 헐벗은 자를 입히며
목말라 기갈에 지친 형제를 돌아보니
가망 없던 네 인생에 새벽빛을 비춰주시고
새로운 인생길에 박수가 쏟아짐이라

이제

네 깊은 상처에도 새순이 돋을지니

너희는 믿음으로 의롭다함을 얻은 자요

여호와의 영광이 네 뒤에 호위하리니

하나님이 받으시는 경건이 곧 금식의 응답 이라

하나님의 영광이 네 주위를 두르시나니

너희에게 새벽빛이 터져 나오리라

80

본문: 사58:6-8

내가 기뻐하는 금식은 흉악의 결박을 풀어 주며 멍에의 줄을 끌러주며 압제 당하는 자를 자유하게 하며 모든 멍에를 꺾는 것이 아니겠느냐/ 또 주린 자에게 네 양식을 나누어 주며 유리하는 빈민을 집에 들이며 헐벗은 자를 보면 입히며 또 네 골육을 피하여 스스로 숨지 아니하는 것이 아니겠느냐/ 그리하면 네 빛이 새벽 같이 비칠 것이며 네 치유가 급속할 것이며 네 공의가 네 앞에 행하고 여호와의 영광이 네 뒤에 호위 하리니

여호와의 응답하심을 바라는 자여
거룩의 몸짓으로 네 삶을 덮을지니
비로소 친밀하신 하나님을 만나 뵐 것이요
네 절박한 부르짖음을 들으시고
"아나!(히브리어-알았다!)내 얼굴을 보아라!"
임마누엘 하나님을 경험하리라

이제 평화와 자비를 실천하며 살지니
손가락질의 비난을 제하여 버리고
네가 먼저 정의를 몸소 행할지니
허망한 말을 던지고, 네 입에 재갈을 물릴 지라

너희가 우는 영혼을 위로하며
이웃의 심장을 아는 자 될지니
이제 어둠 속에서 빛이 떠오를 것이요
고난의 늪에서도 빛이 솟을 지라

주 여호와가 너를 항상 인도하시리니
메마른 곳에서도 꽃이 피고 열매가 맺힐 것이요
물이 끊어지지 아니하는 샘이 될 것이니
이는 하나님의 말씀이요 동산의 생수니라

81

본문: 사58: 9-11

네가 부를 때에는 나 여호와가 응답하겠고 네가 부르짖을 때에는 내가 여기 있다 하리라 만일 네가 너희 중에서 멍에와 손가락질과 허망한 말을 제하여 버리고/ 주린 자에게 네 심정이 동하며 괴로워하는 자의 심정을 만족하게 하면 네 빛이 흑암 중에서 떠올라 네 어둠이 낮과 같이 될 것이며/ 여호와가 너를 항상 인도하여 메마른 곳에서도 네 영혼을 만족하게 하며 네 뼈를 견고하게 하리니 너는 물 댄 동산 같겠고 물이 끊어지지 아니하는 샘 같을 것이라

늘이 들어 쓰시리라

너희는 여호와의 성일을 지켜
그 날을 거룩하게 행할지니
너희가 사사로운 소원을 말하지 말며
오직 전능자를 기뻐할 지라
이 날은 존귀한 날이니 기뻐 뛰며 여호와를 예배할 지니
너희가 여호와 안에서 즐거움을 얻으리라

너희 황폐한 영혼을 위하여
주께서 친히 오시여 십자가에서 상하셨나니
이는 너희로 영원한 죽음에서 다시 재건키 위함이요
죽으심과 부활을 믿는 자들을, 들어 쓰시기 위함이라

이제 너희가 터진 균열을 막을지니
원망이 아니요 감사라, 불평이 아니요 믿음이라
여호와를 갈망하라, 더 가까이 나아 갈 지라
그 길이 살길이요 생명의 길임이라

너희는 여호와의 입의 말씀을 들을 지어다
이제 너를 땅의 높은 곳에 올리시고
야곱의 유업을 먹게 하리니
너의 평생에 가는 길마다 동행하시고
너희가 정녕 평안히 아버지 집에 돌아가리라

82

네게서 날 자들이 오래 황폐된 곳들을 다시 세울 것이며 너는 역대의 파괴된 기초를 쌓으리니 너를 일컬어 무너진 데를 보수하는 자라 할 것이며 길을 수축하여 거할 것이 되게 하는 자라 하리라/ 만일 안식일에 네 발을 금하여 내 성일에 오락을 행하지 아니하고 안식일을 일컬어 즐거운 날이라, 여호와의 성일을 존귀한 날이라 하여 이를 존귀하게 여기고 네 길로 행하지 아니하며 네 오락을 구하지 아니하며 사사로운 말을 하지 아니하면/ 네가 여호와 안에서 즐거움을 얻을 것이라 내가 너를 땅의 높은 곳에 올리고 네 조상 야곱의 기업으로 기르리라 여호와의 입의 말씀이니라

평강의 길을 알지 못하는 자여
너희가 스스로 굽은 길을 만드나니
정의를 잊은지 오래요 독사의 알을 품는 자로다

너희 죄악이 여호와의 얼굴을 가렸으며
그 은혜의 빛을 멀리 했나니
너희 입의 말의 악독이요
무고한 영혼의 눈에서 피를 흘리게 하였음이라

아 너희 말이 혼잡하여 중언 부언하나니
이는 흩어진 바벨 언어인지라
허탄한 사람아
사단과 잡은 그 손을 놓을지라
너희는 하나님의 손바닥을 떠나지 말라
그 십자가의 못자국난 손을 잡을 지라

하늘 아버지의 말씀에 순종할 지어다
그 말씀대로 이루어 주시나니

너희 입을 열어 오직 생명언어로 기도 할지라

비로소 하늘 문이 열리나니

너희가 새로운 피조물이 됨이 니라

83

여호와의 손이 짧아 구원하지 못하심도 아니요 귀가 둔하여 듣지 못하심도 아니라/ 오직 너희 죄악이 너희와 너희 하나님 사이를 갈라놓았고 너희 죄가 그의 얼굴을 가리어서 너희에게서 듣지 않으시게 함이니라/ 이는 너희 손이 피에, 너희 손가락이 죄악에 더러워졌으며 너희 입술은 거짓을 말하며 너희 혀는 악독을 냄이라/ 공의대로 소송하는 자도 없고 진실하게 판결하는 자도 없으며 허망한 것을 의뢰하며 거짓을 말하며 악행을 잉태하여 죄악을 낳으며/ 독사의 알을 품으며 거미줄을 짜나니 그 알을 먹는 자는 죽을 것이요 그 알이 밟힌즉 터져서 독사가 나올 것이니라/ 그 짠 것으로는 옷을 이룰 수 없을 것이요 그 행위로는 자기를 가릴 수 없을 것이며 그 행위는 죄악의 행위라 그 손에는 포악한 행동이 있으며/ 그 발은 행악하기에 빠르고 무죄한 피를 흘리기에 신속하며 그 생각은 악한 생각이라 황폐와 파멸이 그 길에 있으며/ 그들은 평강의 길을 알지 못하며 그들이 행하는 곳에는 정의가 없으며 굽은 길을 스스로 만드나니 무릇 이 길을 밟는 자는 평강을 알지 못하느니라

너희는 먼저 그 십자가의 공로를 마음에 새길지니
네 의가 강하여, 주님의 공의를 뒤따르게 하는 도다

너희가 영적 소경임을 고백하라
흑암을 고집하는 우매한 삶을 자백 할지라
너희가 우상의 담을 더듬고, 세상의 벽을 더듬는 도다

너희는 오직 주님의 십자가를 기댈 담으로 삼을 지니
비로소 너희 눈이 밝아 하나님을 뵐 것이며
너희 집에 오늘, 여기에서, 그 구원을 이루리라

자기의 허물과 죄를 알고 있는 가
너희는 이미 죄를 이긴 자이니
거짓말로 여호와를 속이지 말며
여호와의 정하신 그 지계표를 넘지 말지라

이제 돌이켜 잃어버린 영적 분깃을 되찾을지니
오직 네 영혼을 십자가 진리위에 세울 지로다

그러므로 정의가 우리에게서 멀고 공의가 우리에게 미치지 못한
즉 우리가 빛을 바라나 어둠뿐이요 밝은 것을 바라나 캄캄한 가
운데에 행하므로 / 우리가 맹인 같이 담을 더듬으며 눈 없는 자
같이 두루 더듬으며 낮에도 황혼 때 같이 넘어지니 우리는 강장
한 자 중에서도 죽은 자 같은지라/ 우리가 곰 같이 부르짖으며
비둘기 같이 슬피 울며 정의를 바라나 없고 구원을 바라나 우리
에게서 멀도다/ 이는 우리의 허물이 주의 앞에 심히 많으며 우리
의 죄가 우리를 쳐서 증언하오니 이는 우리의 허물이 우리와 함께
있음이니라 우리의 죄악을 우리가 아나이다/ 우리가 여호와를
배반하고 속였으며 우리 하나님을 따르는 데에서 돌이켜 포학과
패역을 말하며 거짓말을 마음에 잉태하여 낳으니/ 정의가 뒤로
물리침이 되고 공의가 멀리 섰으며 성실이 거리에 엎드러지고 정
직이 나타나지 못하는 도다/ 성실이 없어지므로 악을 떠나는 자
가 탈취를 당하는도다

하나님의 전신갑주

여호와께서 그 백성을 살피시니
거기 정의가 없어
거룩한 보좌 앞에 설 수 없음을 슬퍼하신지라
사람다운 사람이 없는 세상에
온전한 사람으로 이 땅에 오시나니
곧 성육신 이심이라

의인은 없나니 하나도 없음이라
본질상 진노의 자식들을 살리시려
십자가 위에서 두 팔을 벌려 우리를 안으시니
하늘 아버지의 양자 삼으시고
하나님의 품을 경험하게 하시나니
그 사랑과 그 나라를 알게 하심이라

주께서 공의로 갑옷을 삼으시나니
십자가는 너희 영혼의 심장을 보호하시는 갑옷이라
여호와께서 구원의 투구를 쓰시나니
이는 그리스도의 가시면류관이시라

원수의 화살이 날아와도 겁낼 것이 없음은

십자가의 능력을 가로막을 것이 세상엔 없음인저.

또 여호와께서 보복으로 속옷을 삼으시나니

그 속옷은, 내면의 성결인지라

너희 속 사람이 그리스도의 십자가를 잡을 지니

겉 사람은 후패하나 속 사람은 날로 새로워지리라

이제 여호와의 열심을 입어 겉옷으로 삼으심을 얻었나니

그 겉옷은, 네 언행의 경건이라

너희가 죽어도 하나님의 자식이니

당당하게 어깨를 펼 지라, 세상을 다 가진 듯 크게 웃을 지라

네 입술의 말과 네 걸음이 정녕 주님의 거룩을 덧입을 지라

주님의 권능과 축복의 팔이

너희를 괴롭힌 원수들을 보응해 주시리니

정녕 너희에게 온전한 십자가 승리를 베푸시리라

여호와께서 이를 살피시고 그 정의가 없는 것을 기뻐하지 아니하
시고 사람이 없음을 보시며 중재자가 없음을 이상히 여기셨으므
로 자기 팔로 스스로 구원을 베푸시며 자기의 공의를 스스로 의
지하사/ 공의를 갑옷으로 삼으시며 구원을 자기의 머리에 써서
투구로 삼으시며 보복을 속옷으로 삼으시며 열심을 입어 겉옷으
로 삼으시고/ 그들의 행위대로 갚으시되 그 원수에게 분노하시며
그 원수에게 보응하시며 섬들에게 보복하실 것이라

단지
서쪽은 해가 기울어지는 곳이 아니요
하나님에게서 멀어지는 자들이 거하는 곳이라

그들에게 하나님의 이름은 두려움일 뿐이니
너희 인생이 비록 기울지라도
하나님이면 됩니다!
고백하는 자는 승리자이리라

해 돋는 쪽에서 그의 영광을 두려워함은
여호와를 경외함을 인한 거룩한 떨림이니
너희가 그 갈망에서 결코 뒷걸음질 하지 말지어다
하나님의 이름을 지극히 즐거워하는 자여
그 이름으로 인하여 너희 인생에 해가 뜨게 하심이라

이제
속량하시는 자가 시온에 임하시리니
양지 바른 곳이요 ,해 돋는 땅이라

그가 너희를 죽음에서 구원하심이요,

유업을 이을 자가 되게 하시나니

야곱의 자손이여, 택하심을 입은 자들이여

어그러진 길을 돌이켜 예배의 자리로 돌아 갈지라

거기서

말씀과 성령으로 각 사람 머리위에 임하시리니

너희 자손 천대까지 떠나지 아니하시며

너희로 권세 있는 자가 되게 하실 것임이니

정녕 세상 끝날 까지 함께 하시리라

86

본문; 사59:19-21

서쪽에서 여호와의 이름을 두려워하겠고 해 돋는 쪽에서 그의 영광을 두려워할 것은 여호와께서 그 기운에 몰려 급히 흐르는 강물 같이 오실 것임이로다/ 여호와의 말씀이니라 구속자가 시온에 임하며 야곱의 자손 가운데에서 죄과를 떠나는 자에게 임하리라/ 여호와께서 이르시되 내가 그들과 세운 나의 언약이 이러하니 곧 네 위에 있는 나의 영과 네 입에 둔 나의 말이 이제부터 영원하도록 네 입에서와 네 후손의 입에서와 네 후손의 후손의 입에서 떠나지 아니하리라 하시니라 여호와의 말씀이니라

빛을 발하라

하나님의 자녀들이여 일어날 지라
무기력한 영혼을 떨치고
너희 무릎을 굳게 세울 지라
너희 빛 되신 메시아가 임하셨나니
일어나 그리스도의 빛을 발하는 용사가 될 지라

너희는 빛 되신 아버지께로 귀환 할지라
그 택한 자들에게 고센 땅의 빛을 주시리니
너희 눈이 빛 되신 하나님의 영광을 보리라

어둠을 빛으로 바꾸시고
병든 자에겐 치료의 광선으로 오시었나니
그리스도의 십자가는 너희에게 임하실 여호와의 영광임이라

이제 그 영광이 너희에게 임하였나니
흑암이 땅을 덮고 만민을 가리 울 지라도
오직 너희는 영광의 빛으로 이끌림을 받을지니
성령의 길, 은혜의 길로 인도하시리라

너희 눈을 들어 사방을 바라 볼 지라

진정한 부흥은 모든 열방이 주께로 나아오는 것이니

아버지 집을 멀리 떠난 네 아들과 딸들이 시온의 빛으로 나아오리라

주일은 여호와의 날이요

십자가 은총으로

흩어진 디아스포라가 모이는 거룩한 성일 이니

보라 너희 얼굴에 복음의 빛을 비춰 주실 것임이라

87

본문: 사60:1-4

일어나라 빛을 발하라 이는 네 빛이 이르렀고 여호와의 영광이
네 위에 임하였음 이니라/ 보라 어둠이 땅을 덮을 것이며 캄캄함
이 만민을 가리려니와 오직 여호와께서 네 위에 임하실 것이며 그
의 영광이 네 위에 나타나리니 / 나라들은 네 빛으로, 왕들은 비
치는 네 광명으로 나아오리라/ 네 눈을 들어 사방을 보라 무리
가 다 모여 네게로 오느니라 네 아들들은 먼 곳에서 오겠고 네
딸들은 안기어 올 것이라

영적 지혜인이 되리라

그의 얼굴엔 항상 기쁨이 있어라
물이 흐르듯이 여호와께로 돌아감을 아나니...
그는 성령으로 충만하여 풍파에도 흔들이지 아니하며
선한 영향력으로 그 안색이 빛이 남이라

그가 은혜로의 베푸심을 인하여
매일이 새롭고 , 그로 인해 놀라나니
화창한 마음의 춤이 하늘을 날고
그의 삶의 지경이 넓게 펼쳐지리라

이제 그가 가던 길을 뒤로하고
시온으로, 아버지께로 돌아가나니
그의 손의 부요가 바다같이 돌아 올 것이요
이방의 재물까지 그에게 이르리라

마침내 스바 사람들의 명품이 임하리니
이는 황금이라, 변함없는 믿음이니
곧 환란의 때나, 축복의 때에나 결코 흔들림이 없으리라

또 그가 날마다 유향으로 단장하나니

예루살렘의 평안을 기도하는 자요, 나라와 민족을 기도하는 자라

그가 영적 귀부인이니

여호와의 축복이 다시 돌아오게 하심이요

그의 자손 대대로 하나님의 평강이 끝이지 아니할 것이라

88

본문: 사60:5-6

그 때에 네가 보고 기쁜 빛을 내며 네 마음이 놀라고 또 화창하리니 이는 바다의 부가 네게로 돌아오며 이방 나라들의 재물이 네게로 옴이라/ 허다한 낙타 미디안과 에바의 어린 낙타가 네 가운데에 가득할 것이며 스바 사람들은 다 금과 유향을 가지고 와서 여호와의 찬송을 전파할 것이며

너희는 '게달의 양무리'라

여호와 앞에 봉헌하도록 선택된 양이니

경건하고 덕을 세우는 자요

겸손과 순종의 양이라

이는 '느바욧의 숫양' 예수 그리스도께서 속죄제물이 되심이니

그는 강한자요 능하신 자시라

십자가 구원의 능력이 되사

너희의 모든 결박을 풀으시고 멍에를 끊어 주시나니

진리와 생명의 길, 아버지의 집으로 이끌러 주심이라

하나님의 영광의 집은, 예수 그리스도의 몸이라

주님의 부활의 능력이 너희 삶의 주름을 펴게 하시나니

이는 염려와 고난과 사망의 주름이라

비둘기들이 보금자리로 날아듦 같이

교회는 영생과 소망의 보금자리니

기쁨으로 기도하는 성도들이 모여드는 도다

이제

열린 하늘 문으로 말씀이 쏟아지는 교회
봉헌의 역사가 일어나는 교회가 되리니
불평과 인색함을 멸하고
기쁨과 감사로 봉헌 할지라
너희를 찬란하게 하신 그 거룩하신 이에게
너희 모든 것을 봉헌할 지어다

89

본문: 사60: 7-9

게달의 양 무리는 다 네게로 모일 것이요 느바욧의 숫양은 네게 공급되고 내 제단에 올라 기꺼이 받음이 되리니 내가 내 영광의 집을 영화롭게 하리라/ 저 구름 같이, 비둘기들이 그 보금자리로 날아가는 것 같이 날아오는 자들이 누구냐/ 곧 섬들이 나를 앙망하고 다시스의 배들이 먼저 이르되 먼 곳에서 네 자손과 그들의 은금을 아울러 싣고 와서 네 하나님 여호와의 이름에 드리려 하며 이스라엘의 거룩한 이에게 드리려 하는 자들이라 이는 내가 너를 영화롭게 하였음이라

하나님의 은혜가 아니면
한시도 살 수 없음을 아는 자여
하나님의 노하심을 감사하라
그 사랑의 회초리에 오히려 감사하라

너희가 철없이 웃던 자리를 돌이켜
이제 마음을 찢어 회개할 지라
하나님의 눈물의 매에는
긍휼과 은혜가 있나니
그 사랑을 깨달아 돌아오는 자를
그 품에 안으시고 싸매시며
다시금 축복의 자리로 인도하심이라

하나님은 자기를 사랑하는 자를 사랑하시나니
그 은혜를 깨닫는 자에게 큰 은총을 주심이라

이제
하나님의 긍휼을 입은 자여

뭇 인생들도 너를 밀며 도와주나니

너희 앞에 주야로 성문이 열릴 것이며

70여년 대를 잇던 그 가난 위로

군대의 세력처럼 밤낮 물권의 복이 꼬리에 꼬리를 물게 되나니

깨달아 돌아온 자여, 복의 사람이여

겸손함으로 받아 하나님의 나라를 세워갈지니

너희가 정녕 샬롬의 복을 누릴 것이며

너희로 인해 네 이웃들이 행복의 꽃을 보게 되리라

90

본문: 사60: 10-12

내가 노하여 너를 쳤으나 이제는 나의 은혜로 너를 불쌍히 여겼
은즉 이방인들이 네 성벽을 쌓을 것이요 그들의 왕들이 너를 섬길
것이며/ 네 성문이 항상 열려 주야로 닫히지 아니하리니 이는 사
람들이 네게로 이방 나라들의 재물을 가져오며 그들의 왕들을 포
로로 이끌어 옴이라/ 너를 섬기지 아니하는 백성과 나라는 파멸
하리니 그 백성들은 반드시 진멸되리라

너는 여호와의 성읍이라

너희는 여호와의 성읍이요
은혜와 축복의 광장이라
거기서 여호와로 인하여 만남의 복이 이뤄지리라

너희는 여호와의 시온이라
거기는 여호와의 요새이니
거룩한 아버지 하나님이 너를 지켜주시리라

귀한 재목으로 그 성읍을 세우시나니
너희는 잣나무요 소나무요 황양목이니
레바논의 영광이요 성전의 기둥이라

높고 곧게 자라 백향목이니
너희 믿음의 키를 날마다 자라게 할 것이요
하나님의 나라를 허는 자가 아니요 세울 자 임이라

기름이 풍족하여 물에도 젖지 않으니 잣나무요
고통의 파도에는 잠잠하고 겸손하게
축복의 파도에는 더 빨리 항해하니

그는 결코 신앙의 여정을 멈추지 않는 자요
성령의 기름으로 물에 빠지지 않는 자라

소나무는 불변하니
여호와 하나님이 꼭 붙들고 쓰시는 자요
황양목은 언약의 약속이니
그가 하나님의 성읍을 견고케 하는 자요
하나님의 교회를 아름답게 세울 자라

거기
십자가에 못 박히신 주님의 발을 둘 곳이
아름답고 거룩한 교회가 되리니
주님의 거룩한 발을 얹으시도록
너희는 참회하여 겸손한 발등상이 될 지라
그로인해 주님의 이름이 영광이 될 것이며
십자가의 권세가 영화롭게 되리라

91

본문: 사60:13-14

레바논의 영광 곧 잣나무와 소나무와 황양목이 함께 네게 이르러 내 거룩한 곳을 아름답게 할 것이며 내가 나의 발 둘 곳을 영화롭게 할 것이라/ 너를 괴롭히던 자의 자손이 몸을 굽혀 네게 나아오며 너를 멸시하던 모든 자가 네 발 아래에 엎드려 너를 일컬어 여호와의 성읍이라, 이스라엘의 거룩한 이의 시온이라 하리라

평화의 나라를 세울 지라

하나님의 나라를 세우는 것은
흙이 아니요 돌이 아니라
깨어진 그릇으로 버림을 당한 자를
존귀함으로 세우시고 거룩을 회복시키시나니
너희 속사람을 날마다 아름답게 하시고
품위와 명예를 영원케 하사
마침내 평화의 나라로 일컬음 됨 이러라

고난과 고통의 젖을 먹던
70여년 이방나라의 그늘의 아픔을
오히려 거꾸러지지 않을 믿음으로 높이 승화하사
그 힘을 한데 엮어 평화의 나라를 세우는 도다

하나님은 구원자시요 구속자시라
대신 보복하여 잃어버린 기업을 되찾아 주시나니
독수리 날개처럼 높이 날게 하시어
야곱의 전능자이심을 만방이 알게 하시 도다

너희는 놋이 아니요 금이라

진흙탕, 불 가운데서도 불변하는 믿음의 사람이요
철이 아니요 은이라
너희 신앙에 독이 들지 않도록 식별할 지라
나무가 아니요 놋이라
불의 연단 가운데 더 강하고 빛나리니
너희를 통해 평화의 나라가 세워지리라

이제 너희가 작은 예수가 되어
평화의 성벽을 세워 가리니
감사의 노래가 끊이지 않을 것이요
구원의 성벽을 이루게 될 것이라
정녕 너희가 찬송의 성문이 됨 이러라

92

본문: 사60:15-18

전에는 네가 버림을 당하며 미움을 당하였으므로 네게로 가는 자가 없었으나 이제는 내가 너를 영원한 아름다움과 대대의 기쁨이 되게 하리니/ 네가 이방 나라들의 젖을 빨며 뭇 왕의 젖을 빨고 나 여호와는 네 구원자, 네 구속자, 야곱의 전능자인 줄 알리라/ 내가 금을 가지고 놋을 대신하며 은을 가지고 철을 대신하며 놋으로 나무를 대신하며 철로 돌을 대신하며 화평을 세워 관원으로 삼으며 공의를 세워 감독으로 삼으리니/ 다시는 간포한 일이 네 땅에 들리지 않을 것이요 황폐와 파멸이 네 국경 안에 다시 없을 것이며 네가 네 성벽을 구원이라, 네 성문을 찬송이라 부를 것이라

이는 하나님의 나라요 믿음의 강국이니
하나님이 너희의 빛이 되시고 영광이 되심이라

그 빛은 너희에게 영원한 생명이요 행복이라
너희로 선과 악을 구별케 하시나니
선한 지혜는 오직 그 빛으로부터 나옴인지라

이제 너희의 하나님이 네 영광이 되리니
그 영적 권위로 인하여 악한 자가 한길로 왔으나
일곱 길로 달아날 지라

임마누엘 하나님이 네 빛이 되시나니
죄의 사슬에 눌린 너희 슬픔의 날이 끝날 것이요
그 눈에서 눈물을 씻겨 주심이라

이제 그 백성들로 믿음의 강국을 세우시나니
의로움을 받은 자가 그 땅을 차지 할 것이요
믿음의 영토가 넓혀지리라

너희는 하나님이 심은 가지라

그가 쓰시려고 친히 심으셨나니

그 열매의 풍성함으로 인하여

오직 영광을 받으시기 위함이시라

너희는 오직 십자가 앞으로 나아오라

거기서 너희의 연약함을 자랑하며

너희의 무능함을 내어 놓으라

우리 주님은 작은 자가 천을 이루고

약한 자가 강국을 이루게 하시나니

하나님의 때는 기다리는 것이 아니요

하나님의 때는 지금 너희가 십자가 은총을 만나는 그 순간

그 때 하나님의 역사를 이루실 것임이요

속히 이루시리라

93

본문: 사60:19-22

다시는 낮에 해가 네 빛이 되지 아니하며 달도 네게 빛을 비추지 않을 것이요 오직 여호와가 네게 영원한 빛이 되며 네 하나님이 네 영광이 되리니/ 다시는 네 해가 지지 아니하며 네 달이 물러가지 아니할 것은 여호와가 네 영원한 빛이 되고 네 슬픔의 날이 끝날 것임이라/ 네 백성이 다 의롭게 되어 영원히 땅을 차지하리니 그들은 내가 심은 가지요 내가 손으로 만든 것으로서 나의 영광을 나타낼 것인즉/ 그 작은 자가 천명을 이루겠고 그 약한 자가 강국을 이룰 것이라 때가 되면 나 여호와가 속히 이루리라

너희에게 성령이 임하시면
희년, 곧 자유가 선포될 것임이라

그는 지혜와 총명의 신이시라
없는 것을 있는 것같이 부르시며
너희의 작은 몸짓도 기억하시나니
오직 선한 것만 기억해주시는 은총이라

그는 모략과 재능의 신이시라
햇살같이 조언하시고 못 만드심이 전혀 없나니
하나님의 선하신 뜻을 알게 하시며
너희의 건강도 행복도 새롭게 하심이라

기름 부으심을 입은 왕의 왕
영원한 대제사장 이신 예수 그리스도
너희의 마음과 깊은 생각을 아시나니
오직 사랑으로 온유하심과 겸손으로
그가 다스리고 이끄심이라

영원한 죄인에게 구원의 복음을 전해 주시나니
겸손한 자에게 들려주시는 아름다운 소식이라

그가 깨어지고 상한 마음을 고쳐 주시며
죄악의 포로에서 건져 주시나니
이제 너희에게 여호와의 희년이 선포되리라

모든 갇힌 자에게 노임을 선포하시고
삶의 고통과 가난과 아픔과 깨어진 관계에서
자유를 선포하시나니
너희가 십자가 위에서 큰 깃발이 휘날림을 브리라

94

본문: 사61:1

주 여호와의 영이 내게 내리셨으니 이는 여호와께서 내게 기름을
부으사 가난한 자에게 아름다운 소식을 전하게 하려 하심이라
나를 보내사 마음이 상한 자를 고치며 포로된 자에게 자유를,
갇힌 자에게 놓임을 선포하며

지금이 그 때이니
곧 메시야의 희년이라

거저 베푸시는 은혜이니
너희 빚을 탕감해 주심이라

죄의 사슬에 종 되었던 자여
이제 해방의 나팔이 울렸나니
너희 검은 눈물을 두 손으로 훔쳐내고
주인 된 자의 자리로 돌아 설 지라

이제 주께서 기업을 되돌려 주시리니
너희가 꾸어줄지라도 꾸지 아니하리라

여호와 하나님이 친히 보복해 주시리니
십자가 보혈로 원수를 내쳐 주심이요
그 보혈로 슬픈 자를 위로해 주시나니
주님 품에 안으시고 변호해 주심이라

너희는 오직 시온에서 울지 어다
진정한 예배자여 찬양으로 울지 어다
너희 슬픔이 화관이 되리니
네 영혼이 영화롭고 빛나게 하심이라

재 대신 기쁨의 기름이 넘치리니
희락으로 슬픔을 이기게 하심이요
너희가 정녕 찬송의 세마포를 입게 되리라

이제 너희의 의를 심지 말지니
의의 나무 곧 십자가 나무를 심는 자 될 지라
주께서 의롭다 하시고 영화로운 자 되게 하시리니
거기에
영혼구령과 자유와 희년의 열매가 풍성하리라

95

본문: 사61:2-3

여호와의 은혜의 해와 우리 하나님의 보복의 날을 선포하여 모든
슬픔 자를 위로하되 / 무릇 시온에서 슬퍼하는 자에게 화관을 주
어 그 재를 대신하며 기쁨의 기름으로 그 슬픔을 대신하며 찬송의
옷으로 그 근심을 대신하시고 그들이 의의 나무 곧 여호와께서 심
으신 그 영광을 나타낼 자라 일컬음을 받게 하려 하심이라

무너진 성전을 중수하라

아담의 때로부터
대대로 무너진 성전인 인생들을 위해
주님은 십자가에 자신의 몸을 무너뜨려
그 사랑으로 무너진 성전을 세워 주심이라

거기는 기도하는 곳이라
하나님을 만나는 장소가 됨이니
너희는 황폐한 예배를 회복하고
거기서 너희 영혼과 몸과 찬양을 올려 드릴지라

주께서 이방인 가운데 청지기를 찾으시나니
이제 너희가 선민임을 아는 가
네 삶을 가지런히 진열하고
그의 소유인 네 영혼과 인생을 관리할 지라

너희는 여호와의 제사장이니
네 이웃을 축복하고 온 인류에게 복을 빌 지라

너희는 이제 하나님의 봉자사니

순종하고 섬기는 자요 몸을 아끼지 않는 일꾼이라

너희가 이방의 재물을 먹을 것이요

진정 존귀한 자로 높임을 받으리라

96

본문: 사61:4-6

그들은 오래 황폐하였던 곳을 다시 쌓을 것이며 예부터 무너진
곳을 다시 일으킬 것이며 황폐한 성읍 곧 대대로 무너져 있던 것
들을 중수할 것이며 / 외인은 서서 너희 양 떼를 칠 것이요 이방
사람은 너희 농부와 포도원지기가 될 것이나/ 오직 너희는 여호
와의 제사장이라 일컬음을 받을 것이라 사람들이 너희를 우리 하
나님의 봉사자라 할 것이며 너희가 이방 나라들의 재물을 먹으며
그들의 영광을 얻어 자랑할 것이니라

전엔 너희가
수치와 능욕의 멍에를 지고
아픔이라 말하기엔 너무 큰 상처를 이고
기업을 잃어 나그네의 삶으로
분깃이 없는, 몫을 빼앗긴 세월을 살았음이라

벌거벗은 자기 존재의 속살을 보며
그 부끄러움으로 떨던 자였으나
이제 여호와의 대신 보복해 주시는 은총을 입어
잘 참고 견디는 자에게 상급을 주시나니
위로부터 나리는 은혜의 세계로 돌아서리라
거기서 그의 분깃으로 노래하리라

헤브론 산지를 내게 주소서!
그 메마른 땅이 지금 예루살렘이 되었나니
희년이라,
이는 버림받았던 종에게 주시는 축복의 해이니

너희는 율례와 법도를 기뻐하며 춤을 추라
너희 근심이 예배를 강탈하지 못하게 할지라

주께서 영원한 언약을 맺으시나니
십자가에서 깨뜨리신 그의 몸으로 맺은 것이라
이제 너희 자자손손 열방의 깃발이 되리니
여호와께서 축복의 씨로 인정을 하심이요
그 언약의 축복이 대대에 이를 것이라

97

본문: 사 61:7-9

너희가 수치 대신에 보상을 배나 얻으며 능욕 대신에 몫으로 말미암아 즐거워할 것이라 그리하여 그들의 땅에서 갑절이나 얻고 영원한 기쁨이 있으리라/ 무릇 나 여호와는 정의를 사랑하며 불의의 강탈을 미워하여 성실히 그들에게 갚아주고 그들과 영원한 언약을 맺을 것이라/ 그들의 자손을 뭇 나라 가운데에, 그들의 후손을 만민 가운데에 알리리니 무릇 이를 보는 자가 그들은 여호와께 복 받은 자손이라 인정하리라

너희 만민들아
여호와로 인하여 크게 기뻐하라
그 하나님이 시시때때로 오시나니
우는 자와 함께 우시고
웃는 자와 함께 울어 주심이라
여호와로 인하여
너희 영혼의 깊은 지성소로 즐거워 할 지어다

메시아의 희년이라
주께서 너희에게 거룩의 옷, 구원의 옷을 입히시나니
예수로 옷 입은 자여, 주님의 신부여
너희가 제사장의 관을 썼나니
금 같은 믿음의 사람이요, 세상을 정복할 자라

이제
너희가 예배자의 옷을 입고
공의가 움돋는 동산으로 나아갈 지라

거기서 찬송이 솟아나서 노래하는 인생이 될지니
너희는 복된 인생이라 일컬음을 받은 자요
평화의 피리를 부르는 담대한 인생이 됨 이러라

98

본문: 사61:10-11

내가 여호와로 말미암아 크게 기뻐하며 내 영혼이 나의 하나님으로 말미암아 즐거워하리니 이는 그가 구원의 옷을 내게 입히시며 공의의 겉옷을 내게 더하심이 신랑이 사모를 쓰며 신부가 자기 보석으로 단장함 같게 하셨음이라/ 땅이 싹을 내며 동산이 거기 뿌린 것을 움돋게 함 같이 주 여호와께서 공의와 찬송을 모든 나라 앞에 솟아나게 하시리라

나의 신부여 행복 하라

찬 서리 폭풍가운데서도
고난의 돌을 오히려 예배로 세우고
회개의 눈물 뿌려 회복의 의를 받은 자여
주께서 너희 구원을 이루시기 위해 잠잠치 아니하시며
그 일을 쉬지 아니하시나니
구원의 능력이 횃불처럼 나타남이라

너희는 이제 종이라 불려 지지 아니하며
주께서 새 이름으로 일컬어 주시나니
너희는 온유라, 겸손이라, 면류관이라
하나님의 인도함을 받는 존귀한 자니
주님의 손이 잡고 있는 영광이요, 자랑인지라

이제 주님의 단 하나의 신부로 선택을 입은 자니
너희를 기쁘게 받으심이요
그 섬김과 충성을 거절치 않으시니
네 모든 것을 열납 하심이라

나의 신부여 행복 하라

너희는 황무지가 아니라 풍성한 열매이니
헵시바여!
주님의 기쁨이 너희에게 있음이라
뿔라여!
주님의 아름다운 신부여
너희가 진정 행복할 지어다

99

본문: 사 62:1-5

나는 시온의 의가 빛 같이, 예루살렘의 구원이 횃불 같이 나타나
도록 시온을 위하여 잠잠하지 아니하며 예루살렘을 위하여 쉬지
아니할 것인즉/ 이방 나라들이 네 공의를, 뭇 왕이 다 네 영광을
볼 것이요 너는 여호와의 입으로 정하실 새 이름으로 일컬음이 될
것이며 / 너는 또 여호와의 손의 아름다운 관, 네 하나님의 손의
왕관이 될 것이라/ 다시는 너를 버림 받은 자라 부르지 아니하며
다시는 네 땅을 황무지라 부르지 아니하고 오직 너를 헵시바라
하며 네 땅을 뿔라라 하리니 이는 여호와께서 너를 기뻐하실 것
이며 네 땅이 결혼한 것처럼 될 것임이라/ 마치 청년이 처녀와 결
혼함 같이 네 아들들이 너를 취하겠고 신랑이 신부를 기뻐함 같
이 네 하나님이 너를 기뻐하시리라

예루살렘을 깨우라

어두운 세상에 희망을 주는
그 한사람이 되게 하시려고
하나님은 교회를, 너희를, 예루살렘을 세워가시나니
너희는 파수꾼이라
복음이 복음으로 선포되는 교회
하나님이 하나님으로 선포되는 교회가 되도록
너희는 그 망루를 든든히 지킬 지어다
시기와 질투와 원망과 불평의 무기로
그 성을 허무는 자들을 지킬 지어다

하나님은 너희를 통해 예루살렘을 세워 주시나니
너희는 그 은혜를 잊지 말지어다
매일의 삶으로 그 하나님의 역사와 능력을 기록할지니
너희는 하나님의 영적 사관이라

예루살렘의 거민들아 큰 소리로 찬양 할지어다
그 능력의 손으로 너희의 보증이 되어 주시나니
네 양식을 사탄에게 내어주지 아니하고

너희를 풍요롭게 하시나니
그 말씀이 곡식이 되어 속사람이 날로 새로워 짐이요
포도주를, 그 보혈을 너희가 기념하니
하나님과의 화해요, 이는 십자가 사랑의 완성이라

이제
너희는 생명의 떡을 먹은 자니
하나님의 눈으로 세상을 보는 자요
믿고 세례를 받은 자요,
말씀이 마음 밭에 심겨 풍성한 열매를 거둘 자니
너희는 오직 성소의 뜰에서 마시며 친교하며
다함없는 '생활 성찬'을 이뤄가는 자요
너희가 정녕
어두운 세상에 희망을 주는
그 한사람이 되게 하심이라

예루살렘이여 내가 너의 성벽 위에 파수꾼을 세우고 그들로 하여
금 주야로 계속 잠잠하지 않게 하였느니라 너희 여호와로 기억
하시게 하는 자들아 너희는 쉬지 말며/ 또 여호와께서 예루살렘
을 세워 세상에서 찬송을 받게 하시기까지 그로 쉬지 못하시게
하라/ 여호와께서 그 오른손 그 능력의 팔로 맹세하시되 내가 다
시는 네 곡식을 네 원수들에게 양식으로 주지 아니하겠고 네가
수고하여 얻은 포도주를 이방인이 마시지 못하게 할 것인즉/ 오
직 추수한 자가 그것을 먹고 나 여호와를 찬송할 것이요 거둔 자
가 그것을 나의 성소 뜰에서 마시리라 하셨느니라

구원의 백성이여!

거룩한 백성이라 일컬음을 받은 자여
나아가라 성문으로 나아가라
빈부나 귀천이나 차별하지 말지니
그 백성들이 올 길을 닦을 지어다

너희가 큰 길을 수축할 지니
우월감의 굽은 길을 겸손으로 펴고
울퉁불퉁 열등감은 자존감으로 채울 지라

만민을 위하여 기치를 들지니
예수 그리스도의 십자가를 높이 들지라
이것이 구원의 표시일지니
구원의 주님이 오셨느니라

거룩한 백성이여, 영광스러운 구원을 받은 자여
이제 주께서 상급으로 보상해 주시리니
그 피로 값 주고 사시어 용서의 은총을 부어 주심이여
귀한 보석처럼 그 백성을 찾으셨나니

너희는 하나님의 장중에 붙드시는 자요
결코 버림 받지 아니한 성읍이 됨이라라

101

본문: 사62:10-12

성문으로 나아가라 나아가라 백성이 올 길을 닦으라 큰 길을 수
축하고 수축하라 돌을 제하라 만민을 위하여 기치를 들라/ 여호
와께서 땅 끝까지 선포하시되 너희는 딸 시온에게 이르라 보라
네 구원이 이르렀느니라 보라 상급이 그에게 있고 보응이 그 앞
에 있느니라 하셨느니라, 사람들이 너를 일컬어 거룩한 백성이라
여호와께서 구속하신자라 하겠고 또 너를 일컬어 찾은바 된 자
요 버림 받지 아니한 성읍이라 하리라

붉은 옷의 장수

그분은 예수 그리스도시요
홀로 붉은 옷을 입고 오신 큰 장수시라

본질상 진노의 자식이던 우리
죄악의 피로 물든 옷을 벗겨주시고
주님의 핏빛 보혈로 대신 덮어주심이라

십자가 그 보혈로 영원까지 용서하시나니
죄를 이긴 자가 되리라
세상을 이긴 자가 되리라

그분은 공의를 말하시는 자라
십자가 길에 추호도 이의를 달지 않으셨나니
곧 죽기 까지 복종하심이라

그는 포도 농군이시라
즙 틀의 포도를 밟듯이
죄악과 어둠의 세력을 밟아 멸하시나니

그 보혈을 흩뿌려 우리를 구속하심이라

그는 홀로 두 팔을 못 박아 우리 죄를 속전하셨나니
이제 우리가 그 십자가를 붙들고
정과 욕을 거기 못 박고
그와 함께 살고 그와 함께 죽어야 할지니
오직 우리 자랑은 십자가 뿐이라
면류관 벗어 주 앞에 드리는 그 날까지...

102

본문: 사63:1-6

에돔에서 오는 이 누구며 붉은 옷을 입고 보스라에서 오는 이 누구냐 그의 화려한 의복 큰 능력으로 걷는 이가 누구냐 그는 나이니 공의를 말하는 이요 구원하는 능력을 가진 이니라/ 어찌하여 네 의복이 붉으며 네 옷이 포도즙 틀을 밟는 자 같으냐/ 만민 가운데 나와 함께 한 자가 없이 내가 홀로 포도즙 틀을 밟았는데 내가 노함으로 말미암아 무리를 밟았고 분함으로 말미암아 짓밟았으므로 그들의 선혈이 내 옷이 튀어 내 의복을 다 더럽혔음이니/ 이는 내 원수 갚는 날이 내 마음에 있고 내가 구속할 해가 왔으나/ 내가 본즉 도와주는 자도 없고 붙들어 주는 자도 없으므로 이상하게 여겨 내 팔이 나를 구원하며 내 분이 나를 붙들었음이라/ 내가 노함으로 말미암아 만민을 밟았으며 내가 분함으로 말미암아 그들을 취하게 하고 그들의 선혈이 땅에 쏟아지게 하였느니라

변함없는 사랑

언약백성을 향하신 아버지의 변함없으신 사랑,
그 자비를 마음에 품고 사는 자여
너희는 하나님의 은총을 기억하고 되살리며
말하고, 노래하라
그로 인하여 하나님의 용서, 하나님의 능력,
하나님의 자비로 살아가리니.

너희는 하나님의 백성이요, 거짓을 행하지 않는 자라
햇살 가득한 들판을 달릴 때나, 어두운 폭풍 가운데도
결코 변심치 않는 자 될지니
이는
너희 막힌 삶을, 닫힌 소망을 열어주신 구원자로 인함이라

전에 너희가 하나님의 마음에 상처를 내고
성령을 근심케 하는 자였으나
너희 쏟는 눈물을 보시고, 그 자비로 불쌍히 여기셨나니
그 품에 안으시고 등에 업어 건지사
환란의 바다와 고통의 산을 함께 넘으시고
마침내 홍해를 가르시고 건져 내심이라

이는 영광의 팔, 그 십자가의 못 박힌 손의 능력이라

마침내 너희를 깊은 바다의 악에서, 시험에서 건져 올리시고

강한 요새로 이끄시나니

다함없는 자비의 은총이요,

그 십자가 사랑의 확증 이니라

103

본문: 사63: 7-14

내가 여호와께서 우리에게 베푸신 모든 자비와 그의 찬송을 말하며 그의 사랑을 따라 , 그의 많은 자비를 따라 이스라엘 집에 베푸신 큰 은총을 말하리라/ 그가 말씀하시되 그들은 실로 나의 백성이요 거짓을 행하지 아니하는 자녀라 하시고 그들의 구원자가 되사/ 그들의 모든 환난에 동참하사 자기 앞의 사자로 하여금 그들을 구원하시며 그의 사랑과 그의 자비로 그들을 구원하시고 옛적 모든 날에 그들을 드시며 안으셨으나/ 그들이 반역하여 주의 성령을 근심하게 하였으므로 그가 돌이켜 그들의 대적이 되사 친히 그들을 치셨더니/ 백성이 옛적 모세의 때를 기억하여 이르되 백성과 양 떼의 목자를 바다에서 올라오게 하신 이가 이제 어디 계시냐 그들 가운데에 성령을 두신 이가 이제 어디 계시냐/ 그의 영광의 팔이 모세의 오른손을 이끄시며 그의 이름을 영원하게 하려 하사 그들 앞에서 물을 갈라지게 하시고/ 그들을 깊음으로 인도하시되 광야에 있는 말 같이 넘어지지 않게 하신 이가 이제 어디 계시냐/ 여호와의 영이 그들을 골짜기로 내려가는 가축 같이 편히 쉬게 하셨도다 주께서 이와 같이 주의 백성을 인도하사 이름을 영화롭게 하셨나이다 하였느니라

우리가 본디 먼지요 티끌인지라
그 뜻에 불순종하여 멀어짐이 되고 평안이 깨어진지라

자비하신 아버지,
우리를 주목하시여 굽혀 살피시고
종 되었던 땅, 애굽에서
십자가, 그 팔로 건져 올리시사
어둠에서 빛의 왕국으로 구원하여 살리셨으니
그의 말씀이 찬양이 되고, 그의 말씀이 감사가 됨 이러라

주는,
우리 '하나님 아버지'시라
그 거룩하신 이름을 부르는 자 마다
복음의 문이 열리게 하시나니
그 이름을 부름이 곧 황금의 문을 여는 '황금의 열쇠'가 됨 이러라

이제 우리가
하늘 아버지를 더 사랑하기를 원 하나이다

주를 경외함에 완고하지 않게 하시고
영적 이탈자가 되지 않기를 원 하나이다
비옵기는,
하나님의 유일한 기업인 우리에게 돌아오시옵소서
우리가 그 이름, 십자가로 다시 돌아가게 하소서

104

본문: 사63:15-19

주여 하늘에서 굽어 살피시며 주의 거룩하고 영화로운 처소에서 보옵소서 주의 열성과 주의 능하신 행동이 이제 어디 있나이까 주께서 베푸시던 간곡한 자비와 사랑이 내게 그쳤나이다/ 주는 우리 아버지시라 아브라함은 우리를 모르고 이스라엘은 우리를 인정하지 아니할지라도 여호와여, 주는 우리의 아버지시라 옛날부터 주의 이름을 우리의 구속자라 하셨거늘/ 여호와여 어찌하여 우리로 주의 길에서 떠나게 하시며 우리의 마음을 완고하게 하사 주를 경외하지 않게 하시나이까 원하건대 주의 종들 곧 주의 기업인 지파들을 위하사 돌아오시옵소서/ 주의 거룩한 백성이 땅을 차지한지 오래지 아니하여서 우리의 원수가 주의 성소를 유린하였사오니/ 우리는 주의 다스림을 받지 못하는 자 같으며 주의 이름으로 일컬음을 받지 못하는 자 같이 되었나이다

거룩한 성읍이 되게 하소서

하나님은 사랑이시라
공의를 기뻐하며 주님의 사랑과 은혜와 용서하심을
기억하는 자를 선대하시나니
친히 손 내밀어 만나주시고
우리의 악에 마침표를 찍으시고
거듭난 은총을 누리게 하시며
그 은혜의 얼굴빛으로 비추시고 복을 주심이라

모든 인생이 부정한 자라, 흠 있는 제물이 되었사오나
통회의 눈물로 씻게 하시고 온전한 제물이 되게 하시니
이제 너희가 흠 없는 제물이 될 지라
흠 없는 찬양을 드리고, 흠 없는 기도를 올릴지니
하나님의 성전 문지방의 터를 움직여 들썩일 지어다

주는 우리 아버지시라 , 토기장이 되시니
때로는 작은 그릇으로 작은 일에 쓰시옵고
때로는 큰 그릇으로 , 큰일에 쓰시옵고
때로는 천한 그릇으로 , 천한 일에 쓰시 옵시고

주님의 뜻하심에 따라 사용하여 주옵소서

원하옵기는
평안을 깨는 작은 죄악의 불씨를 온전히 제하시고
주님의 은총의 눈빛으로 우리를 보시옵소서 또 보시옵소서
이제 황폐한 예루살렘을 회복시켜 주옵소서
메마른 광야를 회복시켜 주옵소서
다시
주의 거룩한 성읍으로 세워지게 하옵소서

주께서 기쁘게 공의를 행하는 자와 주의 길에서 주를 기억하는 자를 선대하시거늘 우리가 범죄하므로 주께서 진노 하셨사오며 이 현상이 이미 오래 되었사오니 우리가 어찌 구원을 얻을 수 있으리이까/ 무릇 우리는 다 부정한 자 같아서 우리의 의는 다 더러운 옷 같으며 우리는 다 잎사귀 같이 시들므로 우리의 죄악이 바람 같이 우리를 몰아가나이다/ 주의 이름을 부르는 자가 없으며 스스로 분발하여 주를 붙잡는 자가 없사오니 이는 주께서 우리에게 얼굴을 숨기시며 우리의 죄악으로 말미암아 우리가 소멸되게 하셨음이니이다/ 그러나 여호와여, 이제 주는 우리 아버지시니이다 우리는 진흙이요 주는 토기장이시니 우리는 다 주의 손으로 지으신 것이니이다/ 여호와여, 너무 분노하지 마시오며 죄악을 영원히 기억하지 마시옵소서 구하노니 보시옵소서 보시옵소서 우리는 다 주의 백성이니이다/ 주의 거룩한 성읍들이 광야가 되었으며 시온이 광야가 되었으며 예루살렘이 황폐하였나이다/ 우리 조상들이 주를 찬송하던 우리의 거룩하고 아름다운 성전이 불에 탔으며 우리가 즐거워 하던 곳이 다 황폐하였나이다/ 여호와여 일이 이러하거늘 주께서 아직도 가만히 계시려 하시나이까 주께서 아직도 잠잠하시고 우리에게 심한 괴로움을 받게 하시려나이까

우리에게 있을 어떠한 때에라도
추호도 변치 않을 크나큰 바램은
즙을 품은 포도송이 되어
'남은 자'로 곧게 서는 것이라

교회는 보혈의 피를 담은 복의 창고이니
거기 죄 사함과 치료의 은총이 흐르고
말씀의 풍성한 은혜는 능력과 사랑이요
영원한 생명의 잔치에 참여하는 곳이라

야곱에게서 거룩한 백성을 내시나니
밧단아람도, 열두 아들도, 하나님의 섭리거늘
시린 고통과 훈련의 강을 건너
마침내 기업 얻을 자가 되게 하심이라

유다 백성들이 여호와의 산들을 받으리니
땅의 성산은 교회요

하늘의 성산은 천국이라

돌아갈 곳이 있는 백성은 복 받은 자니

주께서 상속자로 세우셨음이라

샤론은 양떼의 초장이요 비옥한 땅이라

주께서 생명의 꼴이 되사 우리를 인도하심이라

아골 골짜기, 고통의 땅도

소떼가 눕는 평안의 땅이 되리니

고통은, 쉼을 얻을 하나님의 축복이요

하늘 아버지께로 갈 수 있는 나침반의 움직임이라

106

본문: 사65: 8-10

여호와께서 이와 같이 말씀하시되 프도송이에는 즙이 있으므로 사람들이 말하기를 그것을 상하지 말라 거기 복이 있느니라 하나니 나도 내 종들을 위하여 그와 같이 행하여 다 멸하지 아니하고/ 내가 야곱에게서 씨를 내며 유다에게서 나의 산들을 기업으로 얻을 자를 내리니 내가 택한 자가 이를 기업으로 얻을 것이요 나의 종들이 거기에 살 것이라/ 사론은 양 떼의 우리가 되겠고 아골 골짜기는 소 떼가 눕는 곳이 되어 나를 찾은 내 백성의 소유가 되려니와

자기를 위하여 복을 구할지라
진리의 하나님을 향하여 스스로를 축복하라
이는 여호와의 형상을 찬양하는 것이니
새 하늘과 새 땅의 주인이 될 것이라

하나님이 꿈꾸시는 땅은
우리가 오직 그리스도의 형상을 입어
생육하고 번성하여 충만하길 원하시나니
우리 안에 하나님의 씨앗이 있음을 밝히 알아
영적 자존감의 깃발을 높이 올릴지라

영원한 하나님의 나라 백성들아
어그러진 이전 것들을 내어 던지라
모진 고통과 찢긴 상처의 포로에서 일어서서
주님 예비하신 새 하늘과 새 땅을 바라볼 지라

이제 하나님의 창조하신 예루살렘으로 나아갈지니
오직 그리스도의 몸만이 완전한 교회가 됨이라

주께서 그 백성을 기쁨으로 삼으시나니
우는 소리와 부르짖는 소리가 다시는 들리지 아니할 것이요
우리 눈앞에 새 하늘이 열리리라
새 땅이 열릴 것이라

107

본문: 사65:16-19

이러므로 땅에서 자기를 위하여 복을 구하는 자는 진리의 하나님을 향하여 복을 구할 것이요 땅에서 맹세하는 자는 진리의 하나님으로 맹세하리니 이는 이전 환난이 잊어졌고 내 눈 앞에 숨겨졌음이라/ 보라 내가 새 하늘과 새 땅을 창조하나니 이전 것은 기억되거나 마음에 생각나지 아니할 것이라/ 너희는 내가 창조하는 것으로 말미암아 영원히 기뻐하며 즐거워할지니라 보라 내가 예루살렘을 즐거운 성으로 창조하며 그 백성을 기쁨으로 삼고/ 내가 예루살렘을 즐거워하며 나의 백성을 기뻐하리니 우는 소리와 부르짖는 소리가 그 가운데에서 다시는 들리지 아니할 것이며

인생 걸어온 세월의 깊이 만큼이나
그렇게 아프고 상처 난 우리를
새 하늘과 새 땅으로 인도하시나니
이는 곧 복음이라

하나님의 나라는
우는 자에 위로가 있는 나라이니
그 눈에서 눈물을 닦아 주심이며
함께 울어 주시는 크나큰 그 위로가
막힌 숨통을 열어주시고
하나님의 숨으로 다시 숨 쉬게 하심이라

하나님의 나라는
죽음이 없는 나라이니 곧 영생이라
이제 우리가 죽어도 산 것이요
하늘 가옥이 있는 자니
믿음의 헌신이요 섬김으로 세워짐이라

하나님의 나라는

포도나무를 심고 그 열매를 먹는 곳이니

이는 그리스도의 십자가 나무요

거기서 보혈의 즙이 떨어지나니

첫 사랑을 회복하는 자에게

생명나무의 과일을 먹게 하심이라

마침내 영생하게 하심이라

108

본문: 사 65: 19–21

내가 예루살렘을 즐거워하며 나의 백성을 기뻐하리니 우는 소리와 부르짖는 소리가 그 가운데에서 다시는 들리지 아니할 것이며/ 거기는 날 수가 많지 못하여 죽는 어린이와 수한이 차지 못한 노인이 다시는 없을 것이라 곧 백세에 죽는 자를 젊은이라 하겠고 백세가 못되어 죽는 자는 저주 받은 자이리라/ 그들이 가옥을 건축하고 그 안에 살겠고 포도나무를 심고 열매를 먹을 것이며

너를 건축하리

여호와께서 말씀하시니라
너희를 건축하라
신앙의 집을 견고케 하라
오직 예수 그리스도의 터 위에
말씀으로 건축할지니
결코 흔들리지 않으리요, 무너지지 아니하리라

하나님의 나라는 심은 대로 거두나니
울며 씨를 뿌리는 자 기쁨으로 거두리로다
거기 십자가에서 심은 대로 거두리로다
영적 전쟁에서 반드시 승리할 것이라

하나님의 백성의 수한은 나무의 수한과 같으니
이는 십자가 나무요, 영생 나무라
그 백성의 수고가 헛되지 않게 하시며
품에 있는 모든 것을 안전하게 하시나니
이는 복된 자손들의 공을 기억하심이요
그들이 말하기 전에, 생각하기 전에, 이미 주심이라

하나님의 나라는 오직 평화의 나라이니

복 된 후손들이 그 동산으로 가게 됨이라

그러므로 너희는 힘써 믿음의 집을 건축하라

오직 하나님의 나라에서 거둘 것을

기쁨으로 심을 지라, 파종할 지라

109

본문: 사65: 22-25

그들이 건축한 데에 타인이 살지 아니할 것이며 그들이 심은 것
을 타인이 먹지 아니하리니 이는 내 백성의 수한이 나무의 수한과
같겠고 내가 택한 자가 그 손으로 일한 것을 길이 누릴 것이며/
그들의 수고가 헛되지 않겠고 그들이 생산한 것이 재난을 당하지
아니하리니 그들은 여호와의 복된 자의 자손이요 그들의 후손도
그들과 같을 것임이라/ 그들이 부르기 전에 내가 응답하겠고 그
들이 말을 마치기 전에 내가 들을 것이며/ 이리와 어린 양이 함께
먹을 것이며 사자가 소처럼 짚을 먹을 것이며 뱀은 흙을 양식으
로 삼을 것이니 나의 성산에서는 해함도 없겠고 상함도 없으리라
여호와께서 말씀하시니라

눈물 골짜기, 기나긴 고통의 세월
예배의 갈급한 목마름이, 수없이 영혼을 헤집었고
그 입천장에 혀가 붙도록
그렇게 찬양하는 날이 언제 일꼬 울던 자들에게
주님은 예루살렘의 희락을 회복시켜
성령의 노래와 춤을 다시 살려 주심이라

홍해를 건너고 광야를 건너
하나님의 등으로 너희를 품어 나르셨나니
위로의 품이요, 예수님의 십자가의 품이라
이제 거기서 생명의 젖줄기가 흘러 나오나니
이는 주님의 보혈이요
세상을 넉넉히 이기는 담대함의 새 힘이라
그 끝없는 핏빛 사랑의 젖줄기가
세상 가난도, 병듦도, 그 어떤 것 일지라도
너희를 이길 자가 없게 하심이라

이제 너희가

그 영광의 풍성함으로 기뻐하게 하심을 입었나니
보라, 십자가의 품에 안긴 자여
다함없는 평강의 기쁨이 강물처럼 넘치리라
그 하나님의 영광이 시내처럼 넘치리라

이제 성령의 시대가 너희 앞에 열렸나니
언제 어디서 무엇을 하든지
성령께서 너희와 함께 계심이요
여호와의 손이 너희를 붙드시고 인도해 주시리니
오직 쇠하지 아니 할
하나님의 나라를 견고히 세워 가심이라
할렐루야!!

110

본문: 사 66: 10-14

예루살렘을 사랑하는 자들이여 다 그 성읍과 함께 기뻐하라 다 그 성읍과 함께 즐거워하라 그 성을 위하여 슬퍼하는 자들이여 다 그 성의 기쁨으로 말미암아 그 성과 함께 기뻐하라/ 너희는 젖을 빠는 것 같이 그 위로하는 품에서 만족하겠고 젖을 넉넉히 빤 것 같이 그 영광의 풍성함으로 말미암아 즐거워하리라/ 여호와께서 이와 같이 말씀하시되 보라 내가 그에게 평강을 강 같이, 그에게 뭇 나라의 영광을 넘치는 시내 같이 주리니 너희가 그 성읍의 젖을 빨 것이며 너희가 옆에 안기며 그 무릎에서 놀 것이라/ 어머니가 자식을 위로함 같이 내가 너희를 위로할 것인즉 너희가 예루살렘에서 위로를 받으리니/ 너희가 이를 보고 마음이 기뻐서 너희 뼈가 연한 풀의 무성함 같으리라 여호와의 손은 그의 종들에게 나타나겠고 그의 진노는 그의 원수에게 더하리라